さらば学力神話

ぼうず校長のシン教育改革

磯村元信

isomura motonobu

新評論

まえがき

一四年にわたる校長職を六五歳で定年退職した。「終着駅（校）」となった東京都立八王子拓真高校での最後の一年は、何とＮＨＫから密着取材を受けることになった。ご覧になった人もいるかもしれないが、報道番組『クローズアップ現代』（「さらば！　高校ドロップアウト――〝負の連鎖〟を断ち切るために」二〇二一年九月二二日放送）に出演したほか、同じくＮＨＫのドキュメンタリー番組「ＥＴＶ特集」でも、「さらばドロップアウト！　高校改革一年の記録」（二〇二二年四月二三日放送）というタイトルで、課題集中校の生徒と教員の悪戦苦闘振りを取り上げてもらった。

すっかりカメラ目線にも慣れて、気持ちが高ぶっていたのかもしれない。人生一〇〇年、「もうひと旗揚げるか」といった下心を秘めて、非常勤教員として某都立高校に着任した。二〇二二年春のことである。

この高校はここ数年入試倍率が割れており、受検すれば全員が入れることから、地域にある中学校を卒業した、困難な課題を抱えている生徒が次々と集まってくる。登下校時には、最寄りとなっている駅や商店街に生徒がたむろしており、周囲からの苦情が絶えない。

あるとき、駅前にある広場で生徒が大騒ぎをしていたので、その輪に飛びこんで注意をしていたら、突然パトカーが数台やって来て、警察官が私と生徒たちを引き離した。どうやら、「高齢者が高校生に囲まれている」という住民からの通報が入ったらしい。

「俺たちは何もしていない！　あの人が勝手に怒っていただけだ！」と、生徒たちは警察官にくってかかっている。私の下心と現実、その大きなギャップを感じた瞬間である。

長年まとった「校長」という着ぐるみを脱ぐと「ただのじいさん」だったとは、誠に情けない話だ。過去の栄光（?）や崇高な教育理念（?）などがまったく通用しない教育現場の厳しさを改めて感じてしまった。

「教育は実践でしか語れない」――これが私のモットーである。そこで、定年退職を機会に教育研究所を立ちあげた。私の容貌と信条を表す意味で、「ぼうず教育実践研究所」（巻末参照）と命名した。これまで培った教育実践のロールモデルを世に示したい、という野望が「もうひと旗揚げたい」という言葉の背景にあるのだが、設立早々、暗雲が立ちこめてきた。

研究所を立ちあげた途端、周りから「研究所の研究員は誰なんですか？」という質問をよく受けるようになった。そのたびに、「本書に登場する、私が影響を受けた先生や教え子、そして私の思いに賛同してくれるサポーターのみなさん、すべてが研究員です」と答えている。半世紀近くにわたる私の教育実践を支えてくれたすべての人たちが研究員であり、そんなみなさんに感謝の思いを伝えることが本書を著した理由の一つでもある。

文部科学省の示す「令和の日本型学校教育」を彩る言葉は美しく進化している。「平和」や「平等」と同じように、美しい言葉ほど文句のつけようがなく、「いったい、どうしていいのか？」と困ってしまう。「主体的・対話的で深い学び」とは、いったいどのような学びなのだろうか。

さらに、「学校ＤＸ」、「子どもの Well-being」、「ＧＩＧＡスクール構想」、「ＳＴＥＡＭ教育」(1)など、やたら横文字を駆使したグローバル感とともに官僚感が漂うフレーズが教育界にはあふれている。

教育行政は教育改革のキーワードを次々と発信し、学校現場の管理職はその難解な横文字の解読に躍起となり、具体策を丸投げされてしまった教員たちはいったいどうすればいいのかと日々悲鳴を上げている。まさにブラック企業さながらの日本の教育現場を見てなのか、使命感をもって教職を目指そうとする若者が少なくなっているとも聞く。

---

(1) **学校ＤＸ**――「学校のデジタルトランスフォーメーション」の略で、デジタル技術を活用した学校改革のこと。**子どもの Well-being**――子どもの持続する幸せを追求すること。**ＧＩＧＡスクール構想**――生徒一人に一台端末を使ったデジタル教育改革のこと。**ＳＴＥＡＭ教育**――「科学（Science）」、「技術（Technology）」、「工学（Engineering）」、「芸術・教養（Art）」、「数学（Mathematics）」の総合学習を表している。

本書は、いわゆる課題集中校の校長として、一四年間にわたって教職員の「応援団長」としての本音を書き綴ってきた「校長通信（ぼうず通信）」をエッセイ風に再構成したものである。四十数年間の教員人生と重なる教育改革の変遷を下敷きに、教育現場という最前線で悪戦苦闘する教員や生徒の姿を浮き彫りにしてみようと考えて、本書をまとめることにした。

改めて教員人生や学校教育を振り返ると、「ざんねんな」ことばかりである。自身のしくじりは棚に上げることになるが、「生徒や先生、学校や教育がこうであったらいいのに……」という教育ロマンを面白おかしく語ることで、閉塞感が漂う学校現場に対する応援メッセージになればという思いで書きあげたわけだが、ここまで読んで「何だか面白そう」という期待感を抱かれた方は、ぜひ最後まで読み進めていただきたい。きっと、日ごろの教育にまつわるうっぷんが少しは晴れるだろう（ただ面白いだけで、何の役にも立たないかもしれないが……）。

一方、「単なる自慢話か」と思われた方は、そっと書店の棚に戻していただけ

令和４年　３月２５日
ぼうず通信　第４７号

坊主の夢十夜　第九夜

こんな夢を見た。

雨ニモマケズ　風ニモマケズ　雪ニモ夏ノ暑サニモマケヌ　丈夫ナカラダヲモチ・・・
男が、風雨の中、ずぶぬれで自転車をこいでいる。雪の中、凍えながら自転車をこいでいる。日照りの中、汗だくで自転車をこいでいる。

きっと丈夫な体をもっているんだろう。欲はなさそうに見えるがそうでもない。人から何を言われてもへらへらと笑っている。時々、暴飲暴食で腹をこわすが、すぐに忘れてまた飲みすぎる。自分本位で、自分に都合のよいことだけを、よく見て、よく聞き、都合の悪いことはすぐに忘れる。

その男は野原の松林の寺子屋に住み、貧しい子ども、学問が苦手な子ども、一筋縄ではいかない粗暴な子どもを集めて人生を説いている。

東に、不登校の生徒がいれば、「大丈夫、いつか通えるようになるから」と根拠はないが、未来に夢をつなぐ。

西に、子育てに疲れたひとり親がいれば、「大丈夫、なんとかなるから」と根拠はないが、明日に希望を持たせる。

南に、教えることに絶望した先生がいれば、「大丈夫、きっといつか生徒が応えてくれるから」と根拠はないが、教育の力を信じてやまない。

北に、窃盗や暴力を繰り返す非行少年がいれば、「大丈夫、いつかは大人になるから」と根拠はないが、人間の成長に祈りを捧げる。

あんたの言っていることに何の根拠もないだろうとからかわれ、みんなからでくのぼうずと呼ばれ、ほめられもせず、苦にもされず、そういうものに私はなりたい。

すると突然、牢獄の中で、日本の未来を憂う男が現れた。罪人も、牢屋番も涙を流しながらその男の言葉を聞いている。
「至誠、天に通ず。『教えるの語源』は『愛しむ』です。誰にも得手不手があります。だから絶対に人を見捨てるようなことをしてはいけません」

すると突然、貧民街の死を待つ人の家で、ひん死の人を見取る女性が現れた。
「愛の反対は無関心です。大切なのは、大きな愛で小さなことをやることです」

やっぱり愛か〜・・・・もう朝か。「ぼうず通信」もこれが最後。第十夜は、アメブロの isobouzu で検索してください。ご愛読ありがとうございました。

「ぼうず通信」の最終号

れば、これ以上気分を害することがないだろう。

本書は七つの章で構成されている。それぞれが独立しているので、興味や関心のあるところから自由気ままに読み進めていただき、これまでの教育改革の功罪とともに教育現場の「ざんねんな現実・実態」を感じていただければ幸いである。ちなみに、随所に参考ページを掲載し、各章をまたいで管理職、職員、そして生徒の視点で教育現場の実態が眺められるようにもしているので、孤軍奮闘している教員たちがいること、困難や逆境にもめげずに日々生き抜いている生徒たちがいることを複眼的に知っていただければさらにうれしい。

読者のみなさんから、「マジかよ⁉」、「こんなことまで書いていいのかよ⁉」、「それからどうなったの？」といった質問が飛んでくることだろうが、紙上ゆえ、それに答えられないことをあらかじめお断りしておく。ただ、そのような質問があるということは、みなさんが普段から現在の教育のあり方になにがしかの思いをもっているという証明となる。そのような考えを本書にぶつけていただき、本を媒介としたシンポジウムのようなものが開催できれば「ぼうず教育実践研究所」の代表としてはこのうえなくうれしい。

本書が、教育界や学校に対する「過度な期待」や「力み」を和らげ、学校が本来もっている姿、つまり、多様でおおらかな教育のあり方を問い直すきっかけとなれば幸いである。

もくじ

さらば学力神話——ぼうず校長のシン教育改革

課題集中校にようこそ！

第1章 ざんねんな大学受験

校長の学校自慢

教育委員会が主催する「校長連絡会」が終了すると、疲れ果てた表情をした校長たちが誘いあわせて呑みに行く（新型コロナ禍の前まではそうだった）。そして、宴たけなわになると、決まって学校の「自慢合戦」がはじまる。

まずは、進学校の校長が先陣を切って上から目線で饒舌に語りはじめる。

「本校は、東大に八名、京大に五名が現役で合格しました。さらに、難関医学部にも合格しています」

「我が校も国公立大学に二桁入りました。早慶にも二桁合格です」

負けじと、中堅上位校の校長が語りだす。

「本校も国公立大学に何とか五名の合格者を出しました。MARCH（明治大・青山学院大・立教大・中央大・法政大）にも二桁の合格です」

「本校も、初めて国公立大学への合格者を出しました」

こんな話を聞いている中堅校以下の校長はというと、無表情にお酒を呑みながら箸を進めている。話に合わせようとする気がないのだろう。そんな雰囲気を察して、私が割って入る。

「うちも国公立に五名入りましたよ！」

定時制高校の校長が何を言うか、と全員の視線が突き刺さる。

「おかげさまで、今年は例年よりも少なくて、少年院に二名、鑑別所に三名です」


いったい、何が学校自慢なのかよく分からない。入学時にそういう素質・能力をもった生徒がその学校にいるだけのことではないか。それを校長が自慢していったいどうするのか！

同業者から聞いた話だから真偽のほどはよく分からないが、ある進学校に動物が大好きな成績最上位の生徒がいたという。その生徒は、当然のごとく獣医になることを目指して勉強をしていた。ところが、校長がその生徒に、「東大を受験してもらえないか」と直談判したそうだ。この話が本当なら、誠に「ざんねんな大学受験」と言わざるを得ない。

各学校には、学校経営の数値目標の設定が教育委員会から求められている。そもそも、「学校教育に数値はなじまない」という意見もあるだろうが、私は各学校のミッションに基づいた数値目標の設定は重要だと考えている。たとえば、いわゆる進路多様校(1)や課題集中校(2)であれば、転学や退学、不登校、特別指導、進路未定といった数値は、その学校の状況を端的に表す指標となるからだ。

しかし、教育委員会から求められている数値目標には、全日制や定時制、普通高校や専門高校などといったさまざまな高校があるにもかかわらず、必須項目のなかには国公立大学やＭＡＲＣＨの合格者数が設定されている。これにはさすがに違和感を覚えてしまう。全国の進路多様校や課題集中校では毎年「ゼロ」という数値に、どのような方策をもって、いかなる数値目標を設定せよというのだろうか。

先に挙げた校長の呑み会における自慢話も、このような画一化された数値目標が影響していると言える。

---

(1)　大学、専門学校、就職と、進路先が多様な学校のことで、主に専門高校や学力下位層の普通高校を指す。

(2)　退学、不登校、問題行動などといった課題が多い学校のことで、主に学力下位層や定員割れの高校を指す。

日本における教育の本流は、いつのまにか漠然とした「進学志向」へと一本化されてしまった。中学生の九九パーセントが高校へ進学し、そのほとんどが大学や専門学校への進学を夢見ている。そして、その流れに乗って目的地にたどり着くための羅針盤は、「学力」というモノトーンなモノサシで統一されている。

こうした漠然とした進学志向、学力至上の空気が覆う学校からドロップアウトした子どもたちは、いったいどのような思いでいるのだろうか。それを、教員が想像するのは難しい。なぜなら、私も含めて管理職や教員、あるいは教育関係者のほぼ全員が、進学志向、学力至上といった学校において「勝ち組」であったからだ（もちろん、レベルは別にして）。

以下に紹介する作文は、「わが青春の記録——定時制・通信制高校生の生活体験[3]」に掲載されたものである。これを読むと「学力」がいかに「ざんねんなモノサシ」となっているかがよく分かるので、じっくりと読んでいただきたい。

わが青春の記録

平成28年度

—定時制・通信制高校生の生活体験—

東京都教育委員会

自分を認める

仙田波澄（せんだはすみ）（東京都立八王子拓真高校）

人と対等になりたい、私はずっとそう思っていました。その思いは、私が小学生のころから不登校だったことと関係していると思います。学校に行けない私は、他の人と違うのではないか、ずっとそう思って生活していました。不登校になってから、勉強がどんどん遅れ、周りについていけてないと思うようになりました。やがて、「自分は劣っている」という思いが強くなり、「自分のことを認める」ことが難しくなってしまいました。

私が学校に行けなくなったのは、小学校三年生のころでした。友達もいたし困ることは何もなかったけれど、朝起きると行きたくなくて休むことが増えました。しだいに勉強は遅れをとって皆についていくのが難しくなりました。小学校の卒業の日、「中学では絶対に休まない、勉強も追いつくぞ」と決めて卒業し、中学へ入学しました。

そんな気持ちで中学校に入学したものの、初めての定期考査は、私にとってとてもつらいものでした。周りは七〇点以上が当たり前なのに自分は五〇点以下……「何点？」と聞かれ

（3）　東京都教育庁都立学校教育部高等学校教育課が毎年発行している定時制・通信制高校に通う生徒の生活体験をまとめた小冊子。

た時の恐怖、「バカだね」とクラスメイトに笑われたこと、どれも私には耐えられないことでした。

どうすれば対等になれるのか、いつになったら対等になれるのか、そればかり考えて毎日泣きながら勉強しました。無理にやっていた勉強はとうとう限界に達し、私は学校に行くことがつらくなりました。夏休みが終わる日、母に「もう行けない」と伝えました。母も私も一日中泣きました。

しかし、そんな私にも努力したことがあります。それは高校に向けてのスタートを切ることです。私は中学二年生の時には「八王子拓真高校に行く」と決めていました。拓真高校は「チャレンジ枠」というものがあり、不登校の生徒を受け入れているのです。

高校に入ってしばらくして、私は自分の変化に気付きました。それは、私がほんの少しですが強くなっていたことです。受験対策で小論文や面接の練習をするうちに、自分のことを見つめる力がついていたのです。

私は以前より、いろいろなことを受け止められるようになっていました。また、私がほんの少し強くなれたのは、そばで支えてくれる人の存在も大きかったです。「自分なんて……」と思うこともあるけれども、そんな私に「このままでいい」と言ってくれた人がいます。支えてくれる人がいるだけで、人間はとてもたくましくなるのだと実感しました。そしていつか私も誰かを支えられる存在になりたいと考えるようになりました。

いつか人と対等になりたい。その気持ちは今も変わっていません。昔はこの気持ちによって、自分が劣っていると苦しんでいました。しかし、今はこの気持ちが原動力です。いつか皆と同じ景色を見てみたい、そのために努力すると決めました。もし、私が目標とするところまでたどりつけたなら、今度は私が誰かの役に立ちたいです。私も人に支えられて前を向けたから。

そして、そうなるためには、まず自分を認めることから始めようと思います。少しずつ自信をつけて、いつか皆に認められる人になりたいです。

（一部改行を加えている）

これほどまで見事に、生徒の苦悩が表現された文章を読んだことがない。言うまでもなく、「学力」が子どもたちの価値観のど真ん中を占めているのだ。そして、発達障がい（Developmental disability：ＤＤ）や学習障がい（Learning Disability：ＬＤ）、貧困、虐待、ネグレクト（養育放棄など）、ヤングケアラー[4]など、困難な家庭環境が理由で学びからドロップアウトしてしまい、

（4）（young carer）病気や障がいのある家族・親族の介護・面倒に忙殺されており、教育が受けられなかったり、同世代との人間関係の構築が難しい子どものこと。

「自分を認める」という自己肯定感がもてない子どもたちが増えている。

何としても、「学び直し」や「不登校」の支援ができる高校に変えなければならない。**困った生徒をとことん面倒見る**――そんな高校をつくりたい。そんな思いが、いつしか私自身のライフワークとなっていた。そして、気がつけば、四十数年間の教員人生すべてにおいて、困った生徒が主役を務める悪戦苦闘の学園ドラマに、多くの教員たちとともに出演していた。

そして、校長として一一年間在籍した「学び直し」の秋留台高校から、二〇二二年の定年まで残り三年というときに定時制高校（東京都立八王子拓真高校）に異動となった。このような経歴を知った大学の先輩N先生（柔道のメダリスト）に言われたひと言が、胸にグサリと刺さった。

「普通は、校長を長くやっていると最後は名門進学校で終わるんじゃないのか？　何でお前だけ、どんどん大変な高校に行くんだよ」

そういえば、東京都立秋留台高校で校長をやっているときにも、生徒から次のように言われたことがある。

「何でこんな大変な学校の校長を長くやっているの？　先生も校長の落ちこぼれなの？」

いやはや、ストレートな質問である。ひょっとしたら、生徒の言うとおりかもしれない。

参考までに、私の教員歴を表にして紹介しておこう。東京都に住んでいる方がこれを見れば、N先生の言葉の意味がよく分かると思う。とはいえ、私にとっては誇れる教員履歴である。学力

表　筆者の教育歴

東京都立富士森高校	1980年4月～1988年3月（8年間）	教諭
東京都立八王子工業高校	1988年4月～2001年3月（13年間）	教諭
東京都立町田工業高校	2001年4月～2003年3月（2年間）	教頭
東京都立杉並工業高校	2003年4月～2006年3月（3年間）	副校長
東京都立小平西高校	2006年4月～2008年3月（2年間）	副校長
東京都立秋留台高校	2008年4月～2019年3月（11年間）	校長
東京都立八王子拓真高校	2019年4月～2022年3月（3年間）	校長
東京都立羽村高校	2022年4月～	非常勤教員

というモノサシさえ当てなければ、個性的で、魅力的な生徒や教員がいる素晴らしい学校ばかりである。

一事が万事、今の世の中は「学力」と「学校」が一体となって生徒たちを輪切りの層のように積みあげ、その断面が社会的なステータスと固く結びついている。勘ぐれば、校長職も、学力下位の高校で「悪戦苦闘」という下積みをしたら、いずれご褒美として名門進学校への異動が待っているのかもしれない。もちろん、しくじって落ちこぼれなければ、の話ではあるが……。

いずれにせよ、生徒も教員も知らぬ間に、「学力」や「進学」という言葉に縛られている。それが生徒のドロップアウトの「元凶」と言っても過言ではないだろう。だからこそ、進路多様校や課題集中校の生徒たちには、「学力」や「進学」とはまったく別次元の「目標」、つまり自分のよさを生かせる、社会で生き抜くための「目標」をもってもらいたい。

とはいえ、現実は厳しい。毎年、奨学金の申請時期になると、事務室の前には生徒が長蛇の列を成している。順番を待っている生徒に「どの大学（専門学校）を受験するの?」と尋ねると、多くの生徒が「まだ決まっていません」と答える。まずは、進学ありき、奨学金ありき、なのである。

そして毎年、上級学校に合格した生徒のなかには、入学金が払えないために入学を辞退する者が必ず出てくる。さらに、正確な数は把握できていないが、大学や専門学校に進学しても、途中で退学となってしまった生徒が相当数いる。その場合、奨学金がそのまま借金となって、その後の人生における大きな「負の財産」となってしまう。誠に「ざんねんな現実」としか言いようがない。

私は壁になりたい

この見出しは、ある年の始業式において生徒に向かって話した際のタイトルである。想像されるように、全員が私の話を聞くために身をただしているわけではない。どちらかと言えば、「早く終わってくれ」とか「うっとうしい」と思いながら聞いている生徒のほうが多いだろう。それだけに私は、少しでも耳を傾けてもらえるようなテーマを選んで、さまざまな式典において話してきた（つもりである）。

まずは、その全文を紹介したいが、できれば高校生に戻ったような気持ちになって読んでいただければうれしい。仮にそれなりの成績を収めていた人でも、将来がどうなるかは分からなかったはずである。そんな不安な状態とともに、始業式の風景を思い出していただきたい。

私は壁になりたいと思っています。「何それ」って思った人もいるかもしれませんね。それが今日のお話です。

よく遊園地にある巨大迷路。あの迷路から確実に出られる方法をみなさんは知っていますか？　知っている人は手を挙げてください。

答えは、右手、または左手を壁につけ、その手を壁から離さないように一歩一歩確実に壁沿いに進んでいくという方法です。もちろん、壁がつながっていることが条件です。少し時間はかかりますが、これが一番確実に迷路から脱出できる方法だそうです。

さて、ここでみなさんに考えてもらいたいことがあります。この迷路をみなさんの学校生活に置き換えて考えてみてください。出口は、もちろん次の進路です。大学、専門学校、就職と、人それぞれ違っています。しっかりと自分の進路の目標が決まっている人は、出口の方向が分かるだけに、進む速さのスピードアップができるでしょう。でも、自分の目標を見いだせなくて悩んでいる人は、立ち止まって考える時間が多くなり、同じ所をグルグル回っているうちに不安になって、学校を辞めてしまう人もいます。

実際には、しっかりとした目標を見いだせない人のほうが多いと思います。そのときにこそ、この脱出方法を実行してもらいたいのです。

具体的には毎日しっかりと壁に触れ、この壁が必ず出口につながると信じて、壁に沿って歩みを進めることです。では、学校の壁とは一体何でしょうか？ それは学校の先生であり、友達であり、校則であり、さらには授業であり、部活動であり、学校行事です。

壁は、自由に行き来する人を妨げます。壁が動いたり、すり抜けられたら壁の役目を果しません。ダメなものはダメと、動かないのが壁なのです。だから、みんなにとっては、時には壁は不自由で、うっとうしいもので、なかったらいいなーと思うものです。でも、この壁にしっかりと触れて、時にはぶつかったりしながら、一歩一歩進むことが一番確実な出口への道なのです。

立ち止まって、一人思い悩まずに、しっかりと壁に触れて毎日を過ごしてください。私も、先生たちも、保護者の方と一緒になって、しっかりと頼りがいのある学校の壁になっていきたいと思います。

「かつて流行った学園ドラマみたい」と思った人もいるだろう。しかし、長年にわたって課題集中校に勤務した私にとっては、これが本音となる。

学力的にも、経済的にも恵まれて、それなりの大学に進める生徒であっても、「卒業後、どうなるのだろうか……」と考えているはずである。ましてや、そうでない生徒にとっては、「社会に出る」という現実が目の前に迫っている。多くの生徒が、サポートも得られず、何をしたらいいのか分からないという日々を送っているのだ。

生徒たちは、そんな不安感を払拭するために、突っ張ったり、トラブルを起こしているのかもしれない。それを踏まえた学校側の指導が必要となる。決して「きれい事」ではなく、「社会」の入り口を前にした生徒たちに何を伝え、どのような支援を行うのか、教員をはじめとしてすべての教職員が考えなければならないことである。

卒業させてしまえばあとは知らない、卒業すれば本人の問題――このように考えている教員や学校が多いのではないだろうか。仮に偏差値の高い大学に進学したからといって、「まともな社会人」になるとはかぎらないのだ。それを証明する出来事が、毎日のようにニュースとなって流れていることはご存じだろう。そんな現実を目の当たりにして、私が目標としてきたことは「**しっかりとした納税者の育成**」である。

念のために言っておこう。課題集中校においては、さまざまなことが理由で、すべての生徒が無事に卒業するというのが難しい現状となっている。それゆえ、在学中に何とか「生き抜く力」

を伝えたいと思って、さまざまな機会において生徒たちに話をしてきた。つまり、社会に対するアンテナを張って欲しいと思ってきたわけである。

第6章で、これまでに話した式辞の数々を紹介していくが、このような背景があることを踏まえて読んでいただければありがたい。

第2章 ざんねんな教育改革

教育は、「学校現場」を抜きにしては変えられない。それが本章の結論である。ここでは、読者のみなさんと一緒に、私の「ざんねんな学校改革」の体験をもとにして、具体的に検証していきたい。

教員人生の後半あたりから「改革」という言葉をよく耳にするようになった。そのキッカケとなったのが、「習熟度別授業のための教員加配が不正に行われている」という、学校現場から発せられた一通の内部告発である。一つのクラスを習熟度別に分けるための講師を採用しておきながら、習熟度授業をやっていなかったというのだ。つまり、正規教員の授業の持ち時数が減り、単に教員が楽をしていただけということである。

この不正事件から学校現場の信頼が揺らぎ、「都民の信頼を回復する」という錦の御旗のもと、一九九七（平成九）年一二月に「都立学校等あり方検討委員会」が組織され、閉鎖的な学校の体質、職員会議や校内規定で校長の権限を制約する学校特有の慣習、社会における一般常識と乖離した教職員の意識などを是正するために、校長のリーダーシップを強化するための施策が行政主導で次々と導入されていった。

「改革」という言葉の意味は、言うまでもなく「基本的な体制を保ちつつ、内部を変化させること」である。ちなみに「変革」とは、「今のものをやめて、新しいものをつくること」である。企業でよく言われるイノベーションである。なお、「改革」には「緩んだものを引き締め直す」という別の意味もあるらしい。そんなことを、行政の改革担当者が言っていたような気がする。

不正事件後の「改革」の場合、むしろこの意味合いが強かったのではないだろうか。緩んだ馴れあい組織を引き締める、そのための「改革」という嵐が長期間にわたって吹き荒れ、現在に至っている。

都立学校等あり方検討委員会報告書
　　—校長のリーダーシップの確立に向けて—

　　　　都立学校等あり方検討委員会

はじめに

　昨秋、都立新宿高校において、計画した習熟度別授業が行われていないという事実が発覚し、さらにこの問題を契機として実施した全校調査によって、多数の学校で、非常勤講師時数の水増しや、都教育委員会に対する時間割票の虚偽報告などが行われていた実態が明らかになった。

　時間割票の虚偽報告をしていた学校が全体の半数を上回ることからも明らかなように、これらの問題は都立学校の体質の根本に根ざしたものであり、これまで学校の内部のみで処理されていたものが、今回の事件を契機として、外部の眼に触れるところとなったと言える。したがって、そこには現在の都立学校が抱える問題が凝縮されているとともに、学校を指導・支援すべき都教育委員会のあり方も問われているものである。

　本検討委員会は、新宿高校の事件を契機に明らかとなった様々な事柄の原因を究明し、改善策を策定するとともに、都立学校に対する都教育委員会のあり方についても検討することを目的として、平成９年１２月１１日に設置された。

　与えられた課題は広範であり、また困難なものが多かったが、現状の分析と問題点の摘出に当たっては都立学校の現状をありのままに述べるとともに、改善策の提示は、実現可能性を考慮しつつ、可能な限り具体的なものにするよう努めたところである。

　現在、都教育委員会は、昨年策定した「都立高校改革推進計画」に基づき都立高校の改革に全力をあげて取組んでいるところであり、この推進計画に掲げた事項に加え、本報告書で提言した改善策の推進を図ることにより、改革は学校の体質改善をも含む総合的な内容になると考えている。

　この報告書の内容を具体化するには、都教育委員会における関係部課の連携・協力はもちろんのこと、学校現場の理解と主体的な取組みが不可欠である。改善の方策を実施していく過程では様々な課題が生じることも想定されるが、「都民に信頼される魅力ある都立学校」の実現に向けて、それぞれが全力を尽くすことを強く期待するものである。

平成１０年３月

都立学校等あり方検討委員会

あり方検討委員会が出した報告書

そして、前述したとおり、学校ＤＸ、ＧＩＧＡスクール構想、ＳＴＥＡＭ教育など、学校現場では聞きなれない横文字を使った最近の「改革」は、むしろ「変革」に近い意味合いをもつものになってきた。学校組織のコンプライアンスやガバナンスを適正に保ちつつ、変化の激しい不透明な社会に対応するための教育改革の必要性は理解できるにしても、信頼度が著しく低下している学校組織を変えるための上意下達の「改革」に慣れてしまった教育現場において、「変革」に近い教育改革を一体誰がどのようにやるというのだろうか。まさに、「?・マーク」だらけである。

文部科学省や教育委員会の掲げる「教育改革」とは、教育の制度、内容、方法などを大きく改変することを意味している。その「教育改革」の流れをくみながら各学校が独自に取り組む改変を「学校改革」と呼ぶことにして、以下でその「ざんねんな実態」を紹介していきたい。

ざんねんな学校改革

二〇〇八（平成二〇）年に校長として着任した東京都立秋留台高校（あきる野市）は、かつては典型的な課題集中校であり、多いときには年間の転退学者（転学者と退学者の合計）は一四〇名を超えていた。この人数は、当時の学年の在籍数（四〇名×七クラス＝二八〇名）の半分に相当する。つまり、一年間で学年の半分となる生徒がドロップアウトしたということだ。

当時、施設担当だったAさん（のちに同校の経営企画室長）が「創立四十周年記念誌　究極の学び直しを求めて」に書いた文章の一部を紹介しよう。

当たり前の日常（元経営企画室長　A・T）

「秋留台高校」それは忌まわしい響きを持って聞こえていた学校です。生徒の曲がったエネルギーは、いじめや校内暴力へ向き、施設担当者としての校内巡回はその都度緊張と落胆が重い塊となって背中にのしかかります。

そんな矛先となったのは各階のトイレ。ハイタンクと呼ばれるトイレ奥の壁に設置された水槽があり、ボタンを押すと水が小

創立四十周年記念誌
「究極の学び直しを求めて」
東京都立秋留台高等学校

秋留台高校の創立四十周年記念誌

秋留台高校の全景写真

便器に流れる仕組みです。ある日、水の流れない小便器があり、ハイタンクの中を覗いて唖然としました。昼食の弁当箱ごと捨てられ、中身が配水管をふさいで水が出なかったのです。

弁当の持ち主は判明しても、それを捨てたものは出てきません。結局、いじめの延長線として処理されました。

トイレの個室は、鉄アレーで打ち抜かれ、穴が開いた扉が常に何処かのトイレでぶらぶらと傾いていました。そんな、すさんだ荒野を歩くような施設巡回は、徒労以外のなにものでもありません。

その時の生徒達は、制服を着るというよりしぶしぶ羽織って登校し、妙に眼だけはぎらつかせて、獲物を探すハゲタカよろしく校内をうろつく者か、最低の呼吸で生きているような、眼をどんよりさせ、とりあえず登校している者、そんな生徒達が学校全体の雰囲気をつくりだしていました。

いつの間にかいなくなる生徒で、教室は乗降客の激しい電車さながらに、入学からの顔ぶれはあっという間に入れ替わり、卒業式までに、一クラス分や二クラス分の生徒は夕暮れの引き潮のように消えていきました。

（後略。一部、改行を加えるなどの修正をしている）

学校改革と合理的排除

こうした実態もあって、秋留台高校は東京都教育委員会の肝煎りで、二〇〇三（平成一五）年に全国初の「学び直しの高校（エンカレッジスクール）」としてリニューアルされた。

この当時、高校の「学び直し」というコンセプトは画期的なもので、入試倍率は進学校並みに三倍を超えて一躍人気校となった。その特色は、基礎・基本からの学び直し、体験授業、三〇分授業、二人担任制などである。

なかでも、学校設定科目のベーシックは、国語は「あいうえお」、数学は「四則計算」、英語は「ＡＢＣ」から学ぶという基礎基本の授業である。これらは、公文式のような五〇段階程度のプリントを各自の進度に合わせて自らが学習するというもので、それまでの高校における授業の概念を覆すものであった。

このような情報が教育界に流れたせいか、全国から視察団が訪れたのち、全国各地に「学び直し」の学校が誕生しはじめた。

ベーシック授業の様子

つまり、秋留台高校が「モデル」になったということである。

ところが、エンカレッジスクールに変わってから五年が経過した二〇〇八（平成二〇）年、私が校長として着任したとき、「この学校は何かがおかしい」と直感した。転退学者は減少したとはいえ、六〇名程度の高止まりの状態であったうえに、何よりも教員集団の疲弊感が臨界点に達していた。この五年間で、病気休職や病気休暇の教員が延べ一〇名を超えており、面接時における自己申告ではほとんどが「異動」を希望していたのだ。

さて、ここで当時の秋留台高校に在籍していた教員の「生の声」を紹介しよう。少々長くなるが、その内容が本書の要旨（私の一番伝えたいこと）と重なるのでしばらくお付き合い願いたい。なお、この「生の声」は、秋留台高校の生徒指導を十数年にわたって支え続けた女性教員が、悪戦苦闘の「思い」を「創立四十周年記念誌」に綴ったものである。

生活指導部　アキルスピリッツをつなぐ（生活指導部主任　K・N）

（前略）

当時、巷を賑わせていた事件は、教室で授業中に生徒が教員の背中を刺したというものだった。そういう事件はここでおこるのではないか？　そう思った。事実、当時の秋留台高校には生徒に背を向けて授業はしないと言っていた先生方も何人か存在した。

（中略）

　そして授業が始まった。始業チャイムが鳴ってもお構いなし。教室に入らない。入るどころか非常口階段や廊下で寝ている。起こすとキレる。何をしているのかトイレから戻ってこない、教室内で席に座っている者は数人、あちらこちらから大音量の音が流れている。とにかく、教室内に入れて席に座らせるだけで五分、一〇分と過ぎていった。あちこちで見られる通常の風景。

　時には、罵声が響き渡り、大きな物音を合図に教員が駆けつける。そんな毎日に心身共に病み、休職する教員も多かった。年度内九～一一名の方が病休であった記憶がある。

　二人担任を目玉としている学校（エンカレッジスクールの特色・筆者補記）であったが、現状はほぼ一人担任（休職者が多く、二人の配置ができない・筆者補記）であった。

（中略）

　授業改善に対する体制変化に理解を示し協力しようとする生徒も出始め、手ごたえを感じ始めると、特別指導「カウント３」で進路変更（問題を三回起こすと機械的に退学を迫っていた・筆者補記）。学校を去っていく者、去らざるを得ない者、「カウント３」になってから心底反省の態度を見せるもの、決まりだからと時すでに遅く……次々と学校を去っていった。

（中略）

初めて素直になった素の生徒達を手放すことに、心が張り裂けそうだった。今からが、本当に分かりあえることができる、教えることができるはずなのに。教員なんて何もできないのか？　もっと何かできることがあったのではないか？　いつも思うことは同じ。敗北感。

何かを変えなければ生徒はいつまでも救われない。大人都合の犠牲になり、大人を信じられない生い立ちを抱えた生徒達を、やはり大人が排除する。どこまでやれるか限界はあるが、そもそも限界とは誰が決めるものなのか……。生徒の限界を決めるのは教員なのか？　だが、義務教育でない高校でどこまで何をやれるのか？（中略）学校を変えよう。やれることをやってみよう。

（中略）

しかし、頑張れば頑張るほど、教員が疲れ果て、変わらない校内体制と野生動物を狭い空間に無理やり詰め込んだような環境を目の前に戦うことを諦め、戦い続けることができなくなる教員も更に増えていった。

変わらない現実を目の前に、次第に「何とかなるものなのか？」に変わり、「やっぱり無理」、「やるだけ無駄では？」、「やりきれない」、「やれるわけがない」、「教員がやるべきことではない」につながっていた。

（中略）

志半ばにして学校を去った先生、心身共に病み退職された先生、赴任一年で異動した先生、最短任期で異動するのは当然、異動平均年数二・九年の学校、こんな学校は早く出ていくべきだと主張する先生、指導することをやめた先生、それでも頑張ろうと言い続けた先生、最大任期満了まで最前線で戦い続けた先生、皆それぞれであったが、最初の想いは同じだった。「何とかしてやりたい」、「何とかしよう」

（中略）

秋留台高校は激変の一歩を踏み出した。改革である故に、内部での壮絶な闘いが繰り広げられた。（後略）

（全文の一部を抜粋、改行を加えるなどの修正、および筆者が補足を加えている）

こうして若手の将来構想委員会を中心に、ボトムアップの改革がはじまった。前文に記されているように、それは現場をカオスに変える、議論の嵐が吹き荒れる学校改革となった（一三八ページ「希望の自律的改革」、二五二ページ参照）。そして秋留台は、とことん面倒見のよい高校にリニューアルされて退学者が半減した。管理職が代わっても「アキルスピリッツ」は教職員に引き継がれ、現在に至っている。

秋留台高校と同じく、二〇一九（令和元）年に東京都立八王子拓真高校に異動したときも、不登校が二〇〇名、転退学者は一〇〇名に迫っており、その増加に歯止めがかからないという状況であった。さらに、多様な課題を抱えた生徒が多く、生命にかかわるような事故も発生していた。

八王子拓真高校は、八王子市内にあった定時制高校四校を都立第二商業高校の敷地に集めて開校された。普通科、昼夜間三部制の定時制高校であり、特色として「一般クラス」と「チャレンジクラス」（小中学校で不登校などの経験のある生徒を募集するクラス）を併設している。

二〇〇七（平成一九）年の開校当時は秋留台高校と同じく、学び直しや不登校の高校として人気を集め、定時制高校としては異例となる二倍から三倍の入試倍率を誇っていた。ところが、開校か

東京都立八王子拓真高校の正門

ら一〇年が過ぎたころから入試倍率に陰りが見えはじめ、私学において就学支援金制度が導入されると、不登校の生徒や学び直しを求める生徒が広域通信制高校を希望するようになり、定員割れを起こすようになった。

そして、着任したとき、前任校と同じく「この学校は、何か歯車がかみあっていない」という違和感を覚えた。病気休職者も複数名いて、着任早々から「単位制の仕組みに不備がある」という教員からの直訴や、チャレンジクラスの担任から次のような要望を受けた。

「不登校の経験がある生徒には厳しすぎる単位認定の規定を変えて欲しい！」

実際、入試においては、一般クラスは「学力検査と面接」、チャレンジクラスは「作文と面接」といったように選抜方法が異なるほか、クラスによって生徒の特性に大きな違いがあるにもかかわらず、入学後の学校生活や校内規定は「すべて同じ」という暗黙の了解でこれまでやっていた。ところが、開校時のコンセプトと生徒の実態における乖離（かいり）が広がってしまい、そのひずみによって不登校や転退学に歯止めがかからないという状況が生まれたことが理由となって教員の疲弊感を生み出していた。

このように、学校改革のひずみは時間の経過とともに生徒や現場の教員をじわじわと蝕んでいく。そして、多くの課題集中校では、そのひずみを補うために、校内規定による合理的排除によって学校の機能を何とか維持させている。

合理的排除、みなさんも想像されるとおり、テストの点数、欠席数、問題行動の数などといった客観的な数字を根拠にして、転学や退学を迫るという行為である。要するに、校内規則を盾にした合法的な「教育の放棄」である。合理的に排除された生徒は、いったいどうすればいいのだろうか……。

自転車は、ペダルをこぎ続けないと倒れてしまう。それと同じく、学校改革も変えたら終わりではなく、常にその成果やひずみを検証しながら次の一手を打ち続ける必要がある。個々の教員がかかわれる領域はかぎられているが、それでも合理的に排除されそうな生徒たちをとことん面倒見ようと「頑張っている」教員もいるのだ。現場の最前線にいる生徒や教員にとって、「学校が変わる」ことと「学校がよくなる」ことはまったく別次元であるということを、文部科学省、教育委員会、そして社会の人たちにもっと知ってもらいたい。

加速する教育改革のスピード

二〇二一（令和三）年一月、コロナ禍のなかで「令和の日本型学校教育」が中央教育審議会から示された。今や教育改革は、トップダウンでスピード第一が求められている。Society5.0の創造社会の到来に向けて、「待ったなし」に官邸主導で教育改革が進められている。たとえば、ＧＩＧＡスクール構想における生徒一人に一台の端末というのは、経済産業省のスピード感と財務的な突破力がなかったら成立できないだろう。教育の「本丸」のはずの文部科学省や中央教育審議会は、今や教育改革の「下請け業者」となっているように思える。

本来、教育は時間をかけて価値や意義が見いだされるものだが、学校ＤＸ（教育のデジタル改革）などは、コロナ禍においてスピードアップしてしまった。緊急事態への対応とはいえ、教育現場はそのスピードについていけずに四苦八苦している。

こんな事例がある。

緊急事態宣言が発出されたことで、「学びを保障する」ために対面からオンライン授業への移行が教育委員会から強く求められた。ある課題集中校では、オンライン授業の準備が進まないことが理由で教員からの反対意見が当初は多かったが、いざオンライン授業がはじまると、「このままずっとオンライン授業を続けたほうがいい」という意見が大勢を占めるようになったという。授業中における生徒の私語、立ち歩く生徒、寝ている生徒に注意や指導をしなくていいからだ。

オンラインであれば、生徒の授業態度に関係なく授業は成立する。授業規律に苦慮している課題集中校であれば、オンライン授業は教員にとっての「救世主」になるかもしれない。しかし、それが生徒たちの「学びを保障する」ことになるのだろうか。さらに、経済的な理由で通信環境が整わないという家庭があることも忘れてはならない。

学校によっては、すべての生徒につながらないという現実を知りつつ、オンライン授業を見切り発車したところもある。加速する教育改革によって、現場では十分な議論や準備をする時間もなく、新たな施策に追われている。

教育のデジタル化は必須の課題であるとは思うが、それはあくまでも「手段」であって「目的」ではない。生徒たちの成長にとってどのような効果や意義があるのか、改革によって教育格差や学力格差を広げてしまうことにならないか、スピードアップしたことで、中身が形骸化した「ざんねんな教育改革」になってしまわないか――それが心配である。

いったい誰が教育改革を担うのか

世の教育評論家は、まるで対岸の火事を見るように学校教育の「ざんねんな部分」を挙げまくり、テレビや新聞などにおいて、「これもできていない」、「これも遅れている」、「教員はなっていない」と言い立てている。

文部科学省や教育委員会も、こうした論調や変化する社会情勢にあおられ、次から次へと教育改革の施策を打ち出してくる。とくに二〇二〇年からのコロナ禍では、教育のオンライン化が急務とばかりに、ＧＩＧＡスクール構想が前倒しされ、十分な議論も準備もないままに新たな施策が次々と現場に舞い降りてきた。しかし、天から下りてくるトップダウンの教育改革について、全体像を把握している教員は誰もいない。

教育行政は、文部科学省から教育委員会へ施策が下達され、学校では、校長から教職員へトップダウンでその施策が伝達される。施策の意義や必要性が伝言ゲームのように伝わっていくわけだが、それを、誰が、どうように、いつやるのかについては「ブラックボックス」のままである。要するに、「現場の裁量にお任せする」という常套句をもって、文部科学省や教育委員会は現場に丸投げして役割を終えているということだ。

それゆえ、その教育改革やそれに基づく学校改革を担っていくのは、教育評論家たちが「これでは使いものにならない」と意識改革を迫っている現場の教員となる。教育の仕組みや教員を「総取り替え」できないとするのであれば、教育改革や学校改革は、現在ある教育制度や学校制度において今いる教員の潜在的な能力をいかに引き出せるかに尽きるわけだが、そこまで考える人はいないようだ。

教育評論家が指摘するように、能力、モラル、意欲の低いといった教員はどの学校にもいるだろう。それでも、教育の崩壊や学校の混乱を最前線で支えているのが、ほかならぬ現場の教員なのだ。以下に示すのは、加速する教育改革と混迷する教育現場におけるたとえ話である。なお、移動手段を「飛行機」としたのは、それほど改革に対するギャップが現場では大きいということを表現したいからである。

これまで三年かけて人生の次なる目的地まで生徒を引率していた教員に、「グローバル化する社会のスピードに対応できないから、これからは飛行機を使うように」という驚愕の命令が下った。

もちろん、教員の多くが飛行機の操縦免許などはもっていない。年配教員は時代のスピードについていけないと意欲を失い、若手教員は激変する未来像に不安を募らせる。本来ならば、資格を有するパイロットに総取り替えしたいところだが、そうもいかない。そこで、正規のパイロットを学校に派遣して研修を行い、研修を受けた教員には「飛行機の操縦」を許可することにした。

これまでは生徒の成長をじっくりと眺めながら一緒に目的地まで進んでいたが、高速の飛行機で目的地に向かうようになると、いつしか教員は生徒には目もくれず、刻々と変化するはるか前方の景色だけに集中するようになっていた。

スピーディーに目的地まで向かうようになったことで、「手段」が「目的」に変わってしまったという瞬間である。「それにしても、飛行機はないだろう」という声が聞こえてきそうだが、それほど改革のスピードが加速しているということだ。その「ひずみ」や「しわ寄せ」がいったいどこに行くのか考えてほしい。

シン教育改革とは

学校教育には、大きく分けて二つの目的がある。一つは個人の「人格形成」を目指すこと、もう一つは国を支える「人材育成」である。これを両輪として、国は学校教育を司っている。官邸が主導しているSociety5.0の創造社会を切り開くための人材育成は急務である。その一方で、小中学生の不登校が二四万人を超え、高校中退も四万人、そして引きこもり人口は一〇〇万人とも言われている。不登校や退学から引きこもりへ、それが長期化、高齢化して、生活保護世帯の増加が懸念されている。

先にも述べたように、中学生の九九パーセントが高校へと進学し、低学力、貧困、虐待、外国ルーツ、ヤングケアラー、発達障害などといった困難な課題を抱えている高校生が増えている。高校生の多様化が加速する一方で、日本の高校は、普通科志向、進学志向への偏向が一段と強まっている。

四則計算のできない高校生、読み書きができない高校生、席に座っていられない高校生、教室に入れない高校生が、「高校」という進学装置から次々とこぼれ落ちている。普通科進学校を暗黙の前提とした教育理想と多様化する高校生の実態、このようなギャップが埋まらないまま教育改革は机上の理想論だけで突き進んでいる。

今こそ、目の前にいる生徒の実態をもとにして高校や高校生の再定義を行い、それに基づいて学校教育を柔軟に見直す必要がある。学校ごとに大きく異なる生徒の実態や教育課題に優先順位をつけながら、生徒を第一に考えた現場主導の教育改革という流れをつくることが重要である。それを、「シン教育改革」と私は呼ぶことにした。

逆らわず、従わず

現場の実態を起点とした「シン教育改革」を推進するためには、何よりも、校長が教育委員会の出張所の所長であるかのような立ち位置に陥らないことが重要となる。学校を経営・運営するのは、言うまでもなく校長の権限（もちろん、責任もとる）である。教育行政からの指導・助言には、「逆らわず、従わず」の基本姿勢で、地域の特性や生徒の実態に基づき、学校の果たすべき役割や教育課題に優先順位をつけて、現場での共通理解のもとにボトムアップの改革を推進する必要がある。

その際、「生徒第一」の視点から、学校教育における二つの目的を次のように置き換えると分かりやすい。

「人格形成」とは、生徒一人ひとりの能力や特性に応じた仕事に就き、社会人として生きていけることであり、国を支える「人材育成」とは納税者を生み出すことである。教育改革のキーワードを達成するための「手段」という改革から、目の前にいる生徒一人ひとりの人生や生活を切り開いていく「目的」という改革への転換、これが「シン教育改革」の目指すところである。

行政主導か現場主導か

「〇〇重点支援校」や「〇〇指定校」といった冠を集めれば集めるほど校長が評価されている。そして、指定校が終わるとその特色も終わってしまう。よく聞く話である。

校長が代わると学校が変わり、その校長が代わるとまた学校が変わる。いったい誰のための学校改革なのだろうか。これこそが「手段」のための改革である。繰り返そう、今こそ現場目線で生徒を第一に考えて、学校教育を見直す必要がある。

明治の昔から、学校は地域のランドマークだった。そして、学校教育の不易として、「地域連携」や「地域に根差す学校」というフレーズが求められてきた。それぞれ異なる地域において、目の前にいる多様な課題を抱えた生徒に何をすべきなのか、また何ができるのか。生徒目線の、現場主導の、ボトムアップの教育改革が求められている現状に異論の余地はないだろう。

現場主導の改革では、行政主導のものよりも多くの時間と困難が伴うことになる。しかし、その時間と困難こそが教員の意識や本気度を高め、それ自体がもっとも効果的な研修となる。もちろん、時には現場を大混乱に巻きこんでしまい、管理職にとってはいばらの道になってしまうこともあるだろう。

一方、教育委員会からマストで舞い降りてくる施策や改革に対しては、現場の校長も教員も「はい」としか答えようがない。校長の立場からすれば、これほど楽なことはない。自らの思考をオフにして、「これは教育委員会からの命令なのでやらなければならない」というひと言を伝えるだけですむからだ。

なぜ、うちの生徒に必要なのか、なぜ、うちの学校でやらなければならないのか、なぜ、今それをやるのか――それぞれに対して丁寧な説明をしたり、反対意見に対して説得するという必要がないからだ。

トップダウンの指示待ち組織

この四〇年間における学校の変化と言えば、「学校で教育の議論をしなくなったこと」が一番に挙げられるだろう。その背景には、学校の懸案事項や諸課題が遅々として改善できないこと、組織ぐるみの不正事件などが理由で、行政主導のもと校長がリーダーシップを発揮できるように管理運営規則を改定してきたという事実がある。

このような経緯にはそれなりの必然性と一定の成果を認めるが、改革・改善や課題解決に向けたスピードや効率を優先するあまり、現在の学校現場は職層に基づく「縦ラインの命令伝達」のみが主流となり、生徒に直接対応する「最前線の横ライン」の意見交換や具体策の練りあげが不足しているという場面が多々見られるようになった。

とくに、進路多様校や課題集中校などでは、困難な課題を抱えた生徒の対応に多くの時間が割かれるなか、教員相互の十分な意思疎通がないまま改善・改革を進めなければならないという現実がある。その結果、制度や仕組みは変わったが、また別のやっかいな課題が生じることになった。

こうなると教員のモチベーションは下がり、徒労感や疲弊感から体調を崩す者が増え、生徒の退学者も増加するという悪循環に陥ってしまう。そして、新たな課題への対応も縦ラインにおける指示待ちとなり、生徒と教員が接する学校の最前線は思考停止状態となる。さらに恐ろしいのは、このような組織文化が根づいてしまうことである。

次のような光景を想像できるだろうか。

——学校を退学したやんちゃな生徒が、大挙して校門でトラブルを起こしてしまった。真っ先に現場に駆けつけたのが管理職、その背後を見ると、教員たちがどのように対応したらいいのかと思案しながら指示を待っている。

こんな光景もある。

――不登校の生徒を心配して、校長が生徒の家に電話をかけた。そして、保護者から得た生徒情報を校長が学年主任に伝え、「その対応策を学年主任から担任に伝えるように」と指示を出している。

これは、実際に現場で起きている上意下達（じょういかたつ）における生徒指導の光景である。それはちょうど、炎の中に手があるにもかかわらず、焦げ臭い匂いを脳が感知して、「手を引け」という指令が出るのを待っている状態に似ている。そのタイムラグで、手は大火傷を負ってしまう。

現在の学校では、最前線にいる担任や学年団（学年を構成する担任の集まりのことで「担任団」とも呼ぶ）が異変を察知して主体的に動くという機動力や、最前線にいる教員集団が自ら発案するといった協働的な対応力がかなり弱くなっている。そして校長も、学校で何事かが起こると、まずは教育委員会へ連絡しておうかがいを立て、お上（かみ）のお墨付きを得てから指示や命令を出している。

このような状態が、長年の「改革」を経て培ってきた校長のリーダーシップなのだろうか。もしそうだとすれば、それはお上を忖度（そんたく）するためのリーダーシップでしかない。こうした思考停止の指示待ちといった教育環境のなかで、果たして「主体的、協働的な深い学び」ができる生徒は育つのだろうか。その答えは……。

自由な意見交換や議論の場が主体性や協働性を生み出す

職員会議が議決機関ではなく、多数決禁止の補助機関となった現在の学校運営体制のなかで、自由かつ活発な意見交換や議論はできないものであろうか。実際、多くの学校の職員会議は、校長の方針と報告事項の伝達で終わっている。意見が出るとしても、教育委員会や校長の方針に対する苦情や恨みつらみの吐露にすぎない。それが延々と続く学校もあるようだが、一切生産性のない発言ばかりであれば「議論」とは呼べない。

職員会議で延々と持論を述べる年配者がいると、時間の無駄とばかりに黙って眉をひそめるといった若手教員が増えている。また、企画調整会議（管理運営規則で定められた各分掌の主任が集まって、学校の諸課題や校長の方針の具体策を企画調整する会議）も、職層上位の主幹、主任教諭が分掌主任として参画する場なので、いわゆるライン伝達の域を出ていない。こうした縦ラインの報告伝達が主流となっている「物言わぬ会議」に慣れてしまうと、懸案事項や改革事案の対応などに関しては「管理職が決めてください」、「それは主幹の仕事です」、「命令ならやります」といった受け身、もしくは指示待ちといった姿勢になってしまうのも不思議ではない。

となると、年配者の持論に眉をひそめる物言わぬ若手教員たちが、「それは自分の仕事ではない」と、校長から与えられた職域だけにこもってしまうのではないだろうかと心配である。

その一方で、教育改革を実現するために教育委員会が「不可欠」と強調しているのが、教員の「意識改革」や「協働性」である。果たして、縦ラインの命令伝達だけで教員の意識は変わるのだろうか。また、協働性が育まれるのだろうか。大いに疑問である。

教員の主体性があってこその意識改革であり、その主体性をもとに横ラインの連携、協力によって同僚性や協働性が生み出されるのではないだろうか。主体性や協働性は、各自の「思い」を気兼ねなく発信しあえる仲間意識があってこそ生まれるものである。現在の学校経営という仕組みのなかに、教員の自由な意見や考え方を受け入れて、主体性や協働性が引き出せる仕組みはどれだけあるのだろうか。

とくに、最前線で生徒と接しているホームルームの担任や、授業を受け持っている教科担任の意見を吸いあげるといった場をつくることが何より重要となる。その多くが、縦ラインの最下層にいるからだ。

職層や校務分掌によらず、誰でも主体的に参画できる将来構想委員会やプロジェクトチーム（ＰＴ）の創設は、教員の主体性や協働性を高めるために効果的な仕組みとなる（**図２－１**参照）。このような仕組みを利用して、「生徒や学校がもっとこうならいいのに」という「思い」のある教員を育て、その「思い」を点から線、線から面へと広げていくことが現場主導での教育改革の進め方である。それぞれの学校現場の教員が主体的に考え、議論し、工夫し、協力する、そうし

図２－１　現場の「思い」を具現化（ボトムアップ）する仕組み

八王子拓真高校の未来構想委員会・PT（プロジェクトチーム）の設置

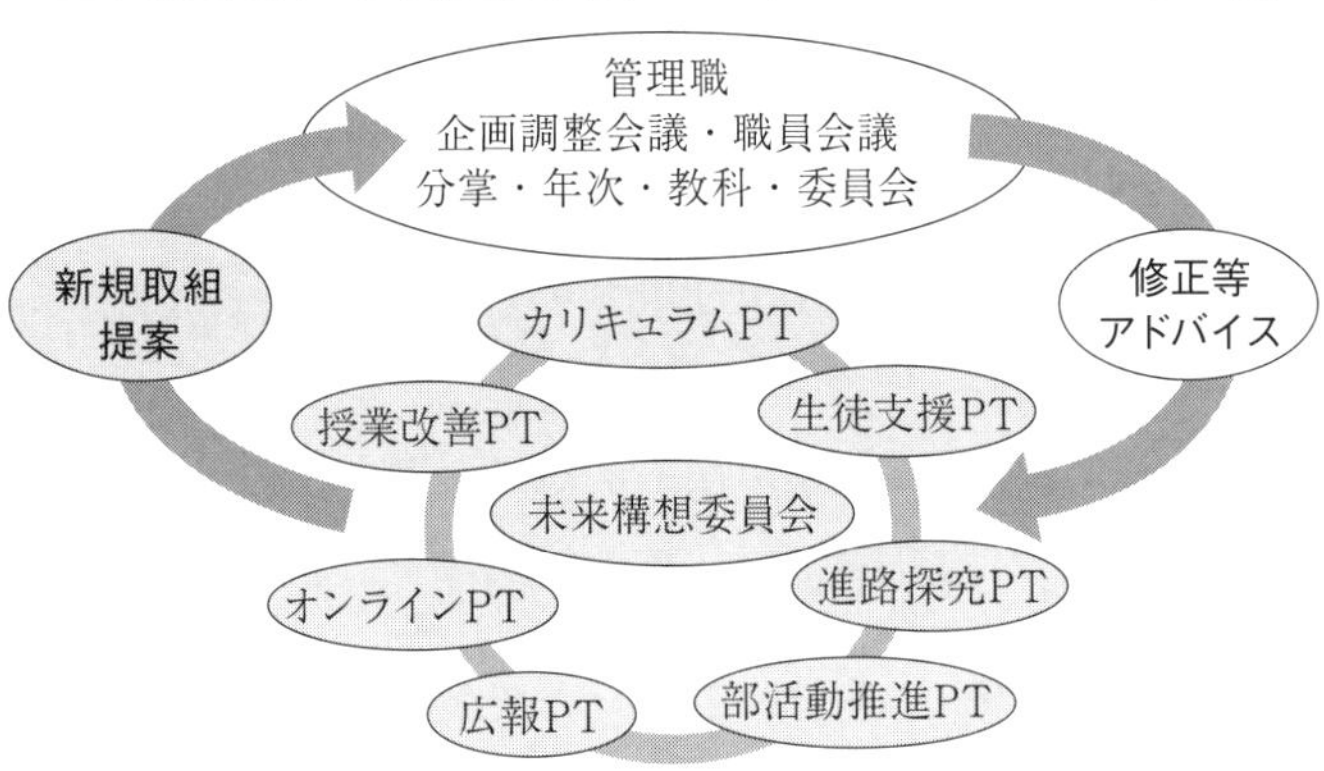

図２－２　現場の「思い」をめぐらすサイクルづくり

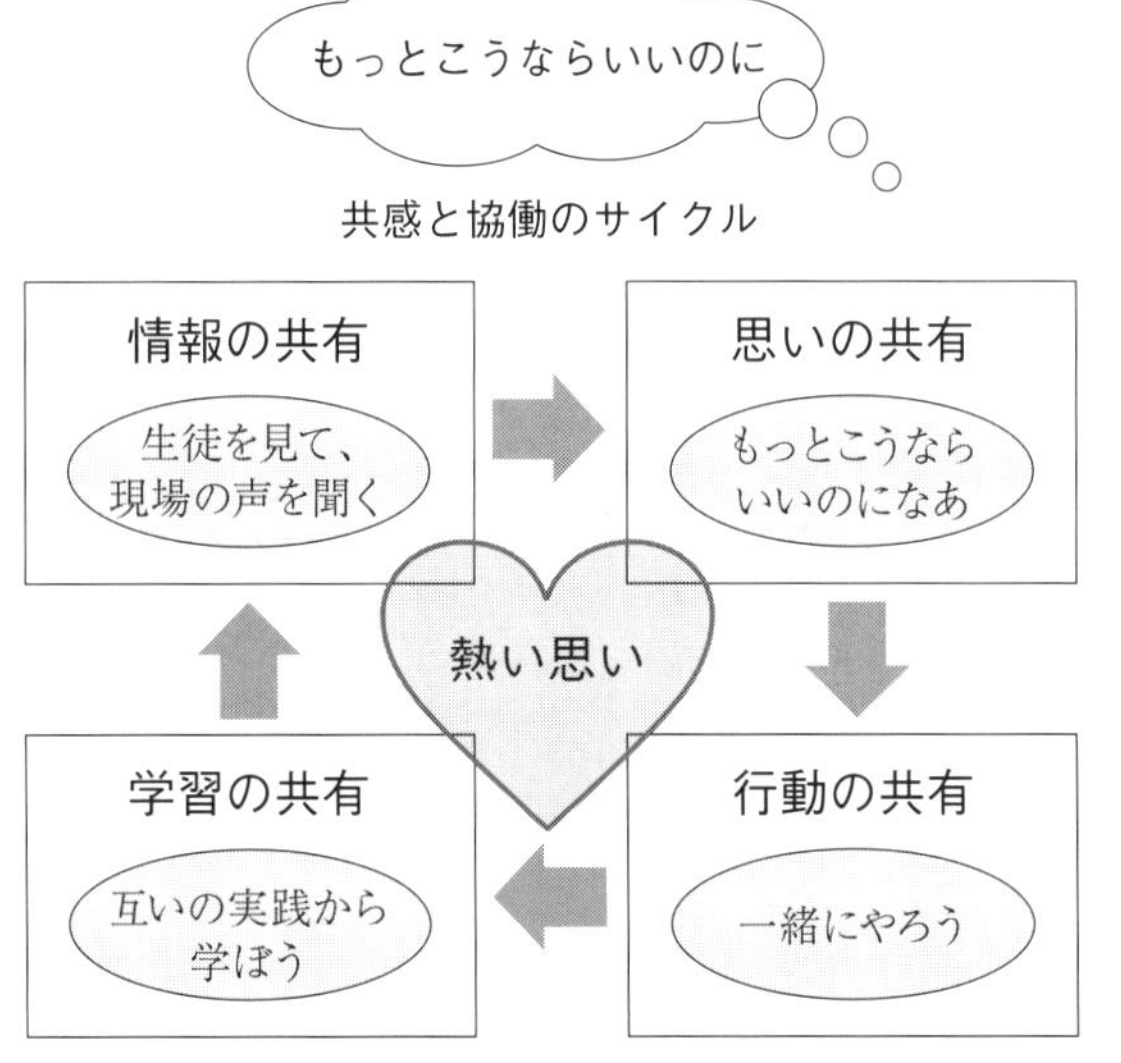

た活力ある協働性の高い職場環境をつくり出すこと、それが「シン教育改革」のエンジンとなる。

具体的には、目の前の生徒を見て現場の声を集め（情報の共有）、「もっとこうならいいのに」という思いを描き（思いの共有）、一緒にやろうと行動し（行動の共有）、その実践からお互いが学び合う（学習の共有）という「思い」をめぐらすサイクル（**図２－２**参照）を現場で回し続けることである。

実際のところ、現場にいる教員のパフォーマンスを高めていくことが容易でないのは、課題集中校で一四年間も校長をやった私には痛いほど分かっている。現場の共通理解が遅々として進まないという事実が、あたかも当然のことのように起こっていた。

反対意見のなかで孤立する管理職や教員も出てきたし、職員会議が大炎上して、職場全体がカオスの渦に巻きこまれてしまい、ギスギスと軋んだこともあった。それでも、「生徒が、学校がもっとこうならいいのに」という「思い」のある教員がどの学校にもいたのだ。

自由な意見交換や議論のできる場があれば、教員同士が引き合うように「思い」が少しずつ結集されていく。そして、共通理解よりも前に、その「思い」から共通行動の輪が現場に広がることでボトムアップによる改革の土壌が整っていく。それはちょうど、飛行機が音速に近づく際、空気抵抗が理由で機体にギスギスとした振動が起こる状態に似ている。つまり、「マッハの壁」（一九六ページ参照）を超えれば、それまでとは違う新しい世界が広がってくるということだ。

マッハの壁を超える

「生徒第一」という現場発の学校改革がいかに学校を活性化させ、教職員のモチベーションや学校への帰属意識を高めることになるのか。そして、それが教員の自己肯定感を高めるとともに、人材育成にどれほど貢献するのか。学校現場の教員の熱い「思い」から学校を変えたという、「シン教育改革」のモデルとなる私の体験を以下で紹介したい。

入試倍率の低迷と生徒の問題行動の多発によって生徒の転退学が増加して、廃校か、統廃合かという危機にあった東京都立杉並工業高校の副校長として、二〇〇三年に赴任した。校長は、入試の定員割れと生徒のドロップアウトがとくに顕著な工業化学科の学科改編と環境教育への転換を狙い、教育委員会から三年にわたる「重点支援校」の指定を受けて学校改革を進めようとしていた（八四ページ参照）。私が赴任したのは、その重点支援校の指定が開始されるという年度の四月であった。そして、最初の職員会議から大炎上となった。

「誰が重点支援校をやると決めたのか」、「生徒の暴力行為や恐喝などの問題行動の対応に追われて教職員は疲弊している」、「重点支援校になって、これ以上何をやれというのか。それを誰がやるのか」などと、校長がトップダウンで重点支援校の導入を決めたことに対する怒りが爆発したのだ。

実際、学校の前にある公園では、授業を抜け出した生徒がたむろし、ゴミを散らかし、タバコを吸っている、というのが日常であった。校内では、授業中にもかかわらず生徒が勝手に立ち歩く、チャイムが鳴っても教室に入らず廊下で遊んでいる。「ここは学校じゃない」――これが教員集団の共通認識であった。

とはいえ、一方では、このままでは学校は教育委員会に潰される、という危機感も共有されていた。教員のなかには、「何とか自分たちで学校を変えなければならない」、そんな熱い「思い」をもった若手が何人かいた。校長がそんな「思い」のある若手を一本釣りで集めて「将来構想委員会」を立ちあげたわけだが、疲弊感と無力感の漂う職場のプレッシャーにのまれ、若手教員の「思い」は押し潰される寸前となっていた。

たとえば、若手教員が企画したもので、資格取得と遅刻防止を兼ねた朝の講習会があった。将来構想委員会の「先進校視察」の際に訪れたある工業高校では、資格取得を推進したことで学校改革を成功させていた。その成功事例をもとに、機械科、電気科、工業科化科に朝講習会を提案したのだが、「多忙！」、「誰がやるの？」、そして「勉強の苦手な生徒が朝から講習に来るわけがない。やるだけ無駄！」といった反対意見であっさりと却下されてしまっていた。

そこで、将来構想委員会が若手教員の有志を募って、学科主導ではなく、学校全体で朝講習をやるといった提案をした。この提案にも反対意見が出たが、「朝講習は自分たちがやります。迷惑をかけないのでやらせてください」という数名の若手教員の主体的・協働的な行動によって、希望する生徒を対象にして、資格取得の朝講習を新学期から試行的にやることが決まった。

そして、第一日目、朝八時前から一〇〇名以上の生徒が次々と登校してきた。講習会の会場は生徒で満席となり、普段は遅刻が多く、勉強を苦手としている生徒たちが真剣に講習を受けていたのだ。

この光景を目の当たりにして、震えるような感動を覚えたことを記憶している。同様の感動と手ごたえを若手教員も感じたのであろう。熱心に講習する、希望に満ちた彼らの眼差しを今も忘れることができない。「勉強の苦手な生徒は朝講習には来ない」、そんな教員の思いこみの壁、「マッハの壁」を突き抜けた瞬間であった。

朝講習の成功によって、長年の懸案事項だった遅刻問題にも解決の糸口が見えはじめ、生徒の授業へ向かう姿勢にも変化が見られるようになってきた。そして何よりも、若手教員を中心に、「自分たちの取り組みで学校は変わる」という手ごたえが、少しずつだが職場に広がりはじめた。

目の前にいる生徒の変容こそが、教員のモチベーションをもっとも鼓舞することを改めて知った。とはいっても、学科改編や環境教育への取り組みは相変わらず遅々として進まなかった。一例として挙げれば、校長がこだわっていた環境マネジメント認証の「ISO14001」の取得は、職場から発せられた多くの反対によって暗礁に乗りあげたままであった。

そこで、朝講習の成功で勢いを得た将来構想委員会の発案で、「ISO14001」を取得している先進校の担当者を呼んで校内研修をすることになった。研修会の場では、取得を阻止したい反対派から、「ISO14001の取得によるメリットとデメリットは何か?」とか「取得において教員の負担はないのか?」などといった鋭い質問が飛び交うなど、緊張感とともに殺気が漂うという雰囲気となった。

しかし、こうした忌憚のない議論や率直な意見交換ができる場が与えられたことで、「思い」のある教員の行動が反対派や慎重派の心を少しずつ揺り動かし、将来構想委員会の提案が職場のなかに浸透していった。すると、それまで慎重派だった重鎮が、「みんなで若手を応援しよう!」というひと言を職員会議の場で発し、職場の一体感が一気に強まった。

その後、一般企業でも認証のためには専門のアドバイザーを入れ、多くの費用と時間をかけて取得している「ISO14001」を、若手教員のプロジェクトチームがたった数か月で認証にこぎつけてしまった。恐るべし教員の潜在能力である。

最後に残った工業化学科の学科改編も、「みんなで変わろう」という将来構想委員会の提案によって、機械科、電気科、工業化学科のすべてを同時に学科改編することになった。校長が目標としていた改革内容をはるかに超える成果を、教員の力を結集することで成し遂げたわけである。

私のなかでは、この経験が学校改革の実践セオリーとなり、「生徒第一」とする現場発の「シン教育改革」のモデルとなっている。

改革のスピードを上げるために、目の前の生徒が置き去りにされていないか。「手段」が「目的」となっていないか。管理職だけが孤軍奮闘していないか。面倒な議論を避けるために、一本釣りした教員を孤立させていないか。縦ラインだけの思考停止の指示待ち組織になっていないか。早く成果を求めることで形骸化した継続性のない「ざんねんな学校改革」になっていないか――学校が遠い未来まで輝き続けるためには、みんなの「思い」を結集する以外にないことをアフリカの諺が教えてくれる。

早く行きたければ一人で行きなさい。遠くまで行きたければみんなで進め。

アフリカ大陸から全世界へと発展していったホモ・サピエンスのＤＮＡには、この言葉が示す人間の行動原理が刻みこまれているような気がしてならない。みんなの「思い」だけが世界を変えるのだ。

ちなみに、この言葉は、アル・ゴア（Albert Arnold Gore Jr.）元アメリカ副大統領がノーベル平和賞の授賞式典の演説の際に引用している（二〇〇七年）。そして、演説の最後、「私たちも遠くへ行かなければなりません、それも早く」と締めくくっている。

今こそ、シン教育改革への転換を

二〇二三年二月、東京都教育委員会都立学校教育部から都立高校の魅力向上に向けた実行プログラム（案）の概要が示された。その背景として、以下のような新たな課題が挙げられている。

困難を抱えた生徒の存在（不登校や日本語指導が必要な生徒、ヤングケアラーといったさまざまな支援が必要な生徒が一層顕在化）、都立高校の入試倍率の低下（広域通信制を含む通信制課程に進学する生徒の増加で進路が多様化）、都立高校に対する都民や企業からの期待や要望などである。

まさに、本書で取り上げてきた課題集中校

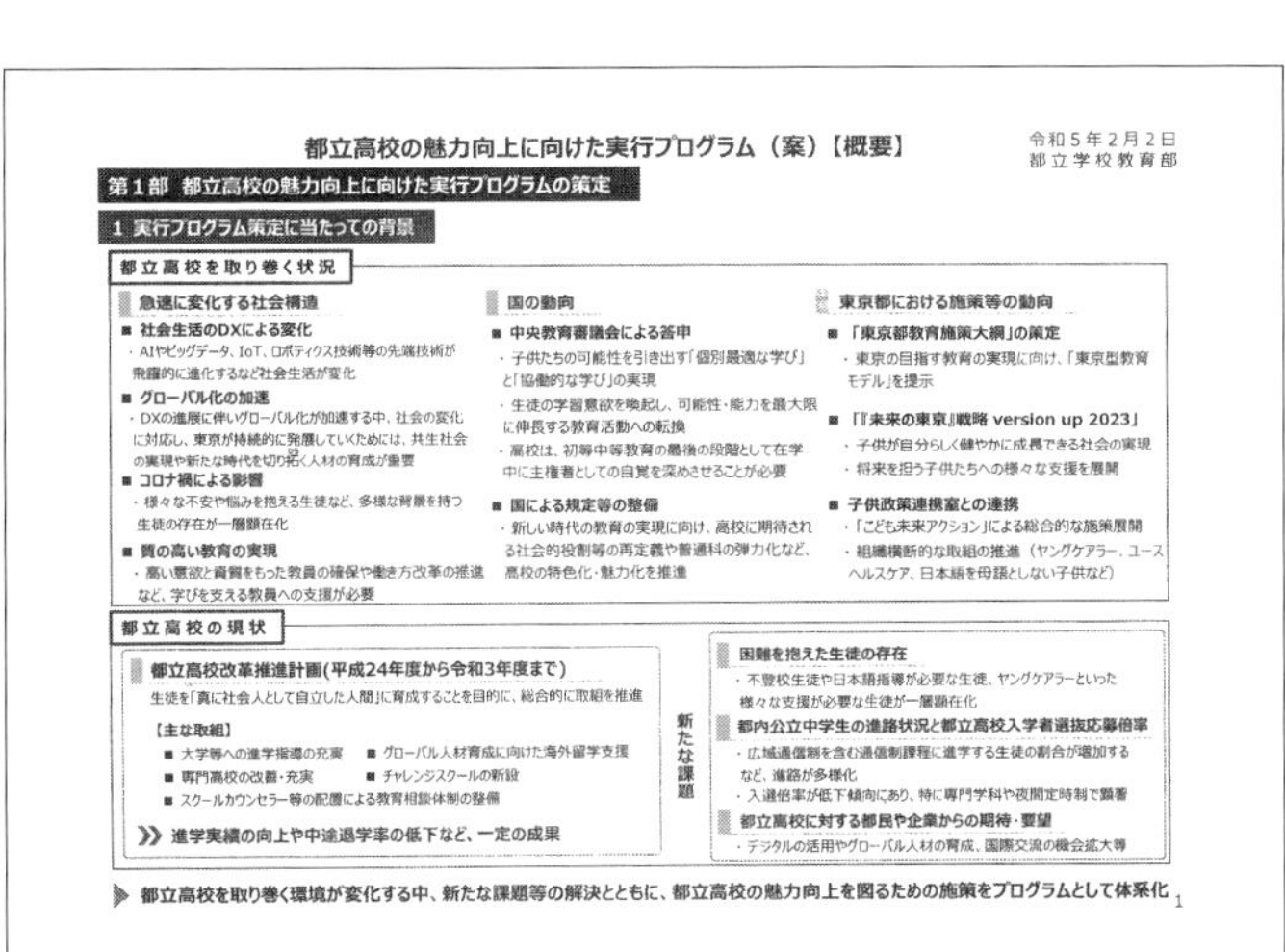

都立高校の魅力向上に向けた実行プログラム（案）【概要】

令和５年２月２日
都立学校教育部

第１部　都立高校の魅力向上に向けた実行プログラムの策定

１ 実行プログラム策定に当たっての背景

都立高校を取り巻く状況

急速に変化する社会構造

■ 社会生活のDXによる変化
・AIやビッグデータ、IoT、ロボティクス技術等の先端技術が飛躍的に進化するなど社会生活が変化

■ グローバル化の加速
・DXの進展に伴いグローバル化が加速する中、社会の変化に対応し、東京が持続的に発展していくためには、共生社会の実現や新たな時代を切り拓く人材の育成が重要

■ コロナ禍による影響
・様々な不安や悩みを抱える生徒など、多様な背景を持つ生徒の存在が一層顕在化

■ 質の高い教育の実現
・高い意欲と資質をもった教員の確保や働き方改革の推進など、学びを支える教員への支援が必要

国の動向

■ 中央教育審議会による答申
・子供たちの可能性を引き出す「個別最適な学び」と「協働的な学び」の実現
・生徒の学習意欲を喚起し、可能性・能力を最大限に伸長する教育活動への転換
・高校は、初等中等教育の最後の段階として在学中に主権者としての自覚を深めさせることが必要

■ 国による規定等の整備
・新しい時代の教育の実現に向け、高校に期待される社会的役割等の再定義や普通科の弾力化など、高校の特色化・魅力化を推進

東京都における施策等の動向

■ 「東京都教育施策大綱」の策定
・東京の目指す教育の実現に向け、「東京型教育モデル」を提示

■ 「『未来の東京』戦略 version up 2023」
・子供が自分らしく健やかに成長できる社会の実現
・将来を担う子供たちへの様々な支援を展開

■ 子供政策連携室との連携
・「こども未来アクション」による総合的な施策展開
・組織横断的な取組の推進（ヤングケアラー、ユースヘルスケア、日本語を母語としない子供など）

都立高校の現状

都立高校改革推進計画(平成24年度から令和3年度まで)
生徒を「真に社会人として自立した人間」に育成することを目的に、総合的に取組を推進

【主な取組】
■ 大学等への進学指導の充実
■ グローバル人材育成に向けた海外留学支援
■ 専門高校の改善・充実
■ チャレンジスクールの新設
■ スクールカウンセラー等の配置による教育相談体制の整備

≫ 進学実績の向上や中途退学率の低下など、一定の成果

新たな課題

困難を抱えた生徒の存在
・不登校生徒や日本語指導が必要な生徒、ヤングケアラーといった様々な支援が必要な生徒が一層顕在化

都内公立中学生の進路状況と都立高校入学者選抜応募倍率
・広域通信制を含む通信制課程に進学する生徒の割合が増加するなど、進路が多様化
・入選倍率が低下傾向にあり、特に専門学科や夜間定時制で顕著

都立高校に対する都民や企業からの期待・要望
・デジタルの活用やグローバル人材の育成、国際交流の機会拡大等

▶ 都立高校を取り巻く環境が変化する中、新たな課題等の解決とともに、都立高校の魅力向上を図るための施策をプログラムとして体系化

1

東京都教育委員会は、都立高校の魅力向上に向けて、都民からの意見を公募している。

の大きな課題である。これを受けて、上意下達（じょういかたつ）の都立高校ＰＲ事業（都立学校魅力発信事業）が入試定員割れとなっている課題集中校に問答無用で舞い降りてくる。教育行政も生徒目線に立った支援の充実を図ろうと予算を重点化しているが、現場の受け止め方によって、その支援が生徒に行き届くのかどうかという違いが生じてしまう。

その違いは、学校に現場の「思い」を具現化（ボトムアップ）する仕組みが備わっているのか、現場の「思い」をめぐらすだけのサイクルが回っているのか、すなわち学校現場において主体的、協働的な改革という流れがつくれるのかどうかによっても変わってくる。

行政主導の教育改革という流れが一段と加速している現在、シン教育改革への転換が図れる学校とトップダウンが主流となっている学校では、その後の学校の運命が大きく変わってくることだろう。そう、「遠くまで行くためにはみんなで進む」しかないからである。

第3章 昭和の坊ちゃん

本章では、なぜ私がこのように数奇な教員人生を歩むようになったのか、教育現場の「ざんねんな出来事」をまとめてなぜ本を書くに至ったのか、そして「シン教育改革」などと大それた妄想を抱くようになったのかについての経緯と、私のプロフィールを学校教育の変遷に重ねる形で私小説風に紹介していきたい。まあ、言ってみれば、教員生活の振り返りである。日頃から子どもたちに「復習をしなさい！」と言い続けている教員に一番必要なことは「自らの振り返りではないか」と、現役を退いた今、思っている。もちろん、反省することのほうが圧倒的に多いのだが、原稿を書いていて「やっぱり教員になってよかった！」と確信した。

なお、本章の一部は「月刊　生徒指導」（二〇二二年四月～二〇二三年三月号、学事出版）に連載したものをアレンジしていることをお断りしておく。

さて本題、見出しにあるように「坊ちゃん」だから、本章で描かれるのは、無鉄砲な少年がそのまま教員になって、学校を舞台に生徒や教員を巻きこんであれやこれやと騒動を起こしてしまうという、お決まりのストーリーである。

夏目漱石（一八六七〜一九一六）が著した『坊ちゃん』の主人公と少し違うのは、横暴な管理職を懲らしめて潔く教員を辞めることなく、あろうことか、「赤シャツ」や「狸」のような管理職になった挙げ句、再任用の定年を過ぎてもなお非常勤教員をやったり、いかがわしい教育実践研究所を開設して教育現場にしがみつこうとしているところだ。

教員の資質・能力、そして才能は、それぞれの生い立ちや、勤務先となった学校でたまたまめぐりあった教員や生徒との関係が大きく影響してくる。改めて振り返れば、これから紹介する教員や困った生徒との出会いに恵まれて、「教員になるべくしてなった」と言える。失敗ばかりの「しくじり先生」を見捨てることなく育ててくれた教員たち、そして、私を一番困らせていた生徒たちがいたからこその教員人生であった。

そんなみなさまに、心から感謝をこめて、教員人生の折々のエピソードを交えながら当時の原風景を紹介していきたい。そして、読者のみなさんには、決して褒められた話ではない私の半生を楽しんでいただきたい。読まれて、「しくじり先生」のリアルな映像が浮かんでくるようであれば望外の喜びである。

教員への迷走

植樹祭

中学校時代がやんちゃのピークだった。仲間とともに市民会館の池で泳いでいる鯉を盗んだり、自転車の窃盗で警察のご厄介になったりと、武勇伝づくり（？）に明け暮れていた。当時は「おおらかな時代」ということもあり、やんちゃな子どもも、困った子どもも、地域のなかで一緒に育てていこうという寛容な雰囲気があった。

「あんたは悪い子じゃない」と、いたずらや悪さを何度繰り返してもかばってくれた中学校の担任N先生や体育のK先生に見守られたことで、「先生」という職業への憧れが芽生えたのかもしれない。

ちなみに、K先生は日刊の「学級通信」を書いていた。それに触発されて、のちに初めて担任になったときから学級通信「はりぼ〜ず」を毎日書くようになっている。それが、本書でも紹介している校長通信の「ぼうず通信」にまで成長したわけだが、駆け出しのころから毎日学級通信を書く習慣があったからこそ本書を世に送り出すことができたわけだから、子どもにとって、教員がもたらす影響力には計り知れないものがある。

　補欠で進学校の高校に入ったばかりに、勉強（成績）に対するコンプレックスから、またもや悪事に走ることになった。その結果、「植樹祭」という謎の伝統行事を遂行するために、体育科の先生たちと全面対決するはめとなってしまった。

　植樹祭とは、体育祭の前夜に、無断でグランドに木を植えるといういたずらである。前年の植樹祭で停学になった先輩たちとの約束で、私は翌年、首謀者として植樹祭を仕切ることになってしまった。

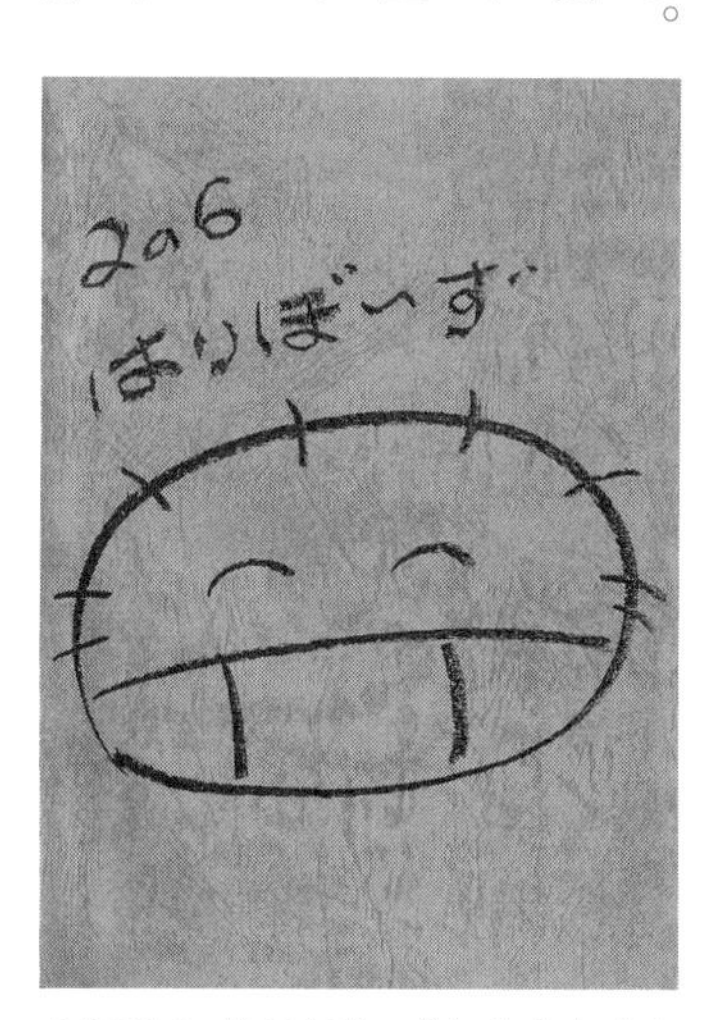

1年間の「はりぼ〜ず」をまとめた冊子

　そして、体育祭の前夜、浪人中の先輩たちがOBとして参戦したものの、状況は昨年以上に過酷を極めた。怒り心頭の体育科の先生軍団は、徹夜で学校内外を巡回するだけでなく、真夜中だというのにグランドに面したすべての教室の明かりを煌々とつけていたのだ。学校に近づくことさえ困難な状況を前にして、時間だけが過ぎていった。

　背後で見守るOBが放つ無言のプレッシャー、そしてやけくその責任感が背中を押した。夜明け前、唯一死角になっているグランドの片隅にあるわずかなスペースに穴を掘り、裏庭に横たわっていた街灯（壊れていた）を木の代わりに立てることにした。しかし、シャベルとツルハシを持ってグランドに入った瞬間、物陰に潜んでいた数人の先生に捕まり、あっけなく御用となってしまった。

「このあと、どうなったのか？」という質問があるだろうが、それは想像してほしい。

オーパ・ブラジル

不思議なことに、散々迷惑をかけた体育科のM先生に連れられて某大学の柔道部の練習に参加したことが教員人生を決定づけることになった。のちに教育委員会の指導主事を経て旧文部省の体育局体育官となるM先生から、学校体育や体育教員としてのあるべき姿の手ほどきを受けることになろうとは、このころは想像もできなかった。人生とは、摩訶不思議なものである。

大学では「体育」を専攻し、柔道部に席を置いていたが、競技者としては落ちこぼれ、学生寮で大騒ぎしては善良な学生たちに迷惑をかけていた（と思う）。大学時代の財産と言えば、柔道部の同級生で結ばれた固い絆（二二七ページ参照）である。卒業後も、定期的に呑み会を開いてそれを確認している。ちなみに、コロナ禍になってからもオンライン呑み会を欠かすことはなかった。

大学卒業後、教員採用試験に落ちて悶々としていたころに、大学時代のY先生から「ブラジルに来ないか」と誘われた。Y先生は、講道館から派遣されて、リオデジャネイロの大学で柔道の指導をしていた。教員採用試験を再び受けるための勉強もしなければならない、とは考えず、渡りに船とばかりに、丸一日かけてブラジルまで飛んでしまった。当時の渡航費用と諸経費を含めて一〇〇万円、もちろん親から借りている。何とも情けない「ざんねんな放蕩息子」であったが、この経験がのちの私の外見と中身に大きく影響してくるとは……。

リオデジャネイロに着いて、Y先生が世話になっているという、ブラジルの実業家であるM氏の大邸宅に向かった。広い庭には熱帯樹木がうっそうと茂り、ハイビスカスに似た派手な原色の花々が咲き乱れている。玄関を入ると広いエントランスがあり、そこには驚くような風景が広がっていた。

一見すると和風のようだが、明らかに違和感があった。正面に鳥居があり、その鳥居には提灯がぶら下がっている。その脇を見ると、狛犬と博多人形が飾られていた。鳥居の奥には木彫りの道祖神と円空風の仏像、さらに奥には六地蔵が並び、銭洗い弁天のザルの中にお稲荷さんのキツネが顔を並べ、奥の壁に曼荼羅と日本刀が飾ってある。一番驚いたのは、桐箱の中に河童（かっぱ）のミイラが安置されていたことだ。

Y先生が言った。

「三日もすれば慣れるよ。Mは日本が大好きで、日本に行くたびにお土産を買ってきては並べている。どう見てもインチキとしか思えないものもあるけどな。初めはバチが当たるんじゃないかと心配したけど、こうして外国で見ると、日本の文化も捨てたもんじゃない」

着いた早々こんな言葉を受けて、Ｙ先生との居候生活がＭ氏の大邸宅ではじまった。

ブラジルでは、本物の拳銃と短刀を使って護身術を披露したり、風土病に冒されたりと散々な目に遭ったが、ラテン系の明るさといいかげんさが人生を楽しむうえでは何より大切なことである、と学んだ。そして、自分の性格もラテン系に近い、ブラジルで生活するのも悪くないかと思いはじめたころ、教員採用試験を受けるために、後ろ髪を引かれる思いで日本に戻ることになった。結局、滞在したのは三か月であった。

このころである、私が脱毛に悩むようになったのは。後ろ髪を引かれたのが原因なのかもしれない。

名物院長

私にとっては鬼門とされる教員採用試験が終わると、アルバイトに明け暮れた。茨城県のとある町で接骨院を開業している名物院長のもとで、昼間は接骨院の雑務をこなし、夜は少年柔道クラブで子どもたちに柔道を教えるという日々となった。

接骨院の仕事では失敗だらけだった。治療の電気針の電圧を上げすぎて、じいさんが悲鳴を上げる。電気針の配線の束に躓いて十数本の鍼が一気に抜け、ばあさんの背中から血がにじんだ。院長が溜息をつきながら言った。

「だめだっぺ。これじゃあ、治療じゃなくて拷問だっぺよ」

ある日の午前中、院長と往診に出掛けた。往診先の夫婦は、二階の部屋で一〇年以上も仲良く寝たきり状態になっていた。治療を施す院長の話を横で聞いていると、素人なりに患者の容体が分かってくるものだ。しかし、院長は常に天真爛漫で、爽やかな風を患者に送りこんでいた。このような性格の院長に救われている人も多いのだ、と思ってしまった。

ある日、核心に迫る質問をしてみた。

「先生、今日の患者さんはよくなるんでしょうか？」

「よくなるわけないっぺ。医者も見放してんだっぺ。治りっこないっぺ」

「でも、先生は行くたびに『よくなっている』って言ってますよね」

「気休めだっぺ。安心させるだけだっぺ。鍼と電気と俺の口がセットの精神療法だっぺ」

さらに院長は、「柔道も同じだ」と言う。「よくなった、よくなったと、いつも子どもをほめていれば、いつかはオリンピックでメダルを取る奴だって出てくる」とよく言っていた。

少年柔道の練習が終わると、院長と呑み屋で食事をするというのが日課だった。たらふくご馳走になったあと、最後に「骨折りの儀式」をやる。その儀式とは、食事のときに使った割り箸をボキボキと折るというものだ。院長が締めの言葉を述べる。

「繁盛、繁盛、商売繁盛。さあ、これで明日も患者が大勢来っぺ」

それから一〇年後、この田舎の少年柔道クラブから、本当にオリンピックの金メダリストが誕生している。みなさんよくご存じの、二〇〇四年アテネオリンピックの柔道男子一〇〇キロ超級の金メダリスト、鈴木桂治（国士舘大学体育学部教授）さんである。本気と冗談の境目がない院長のリップサービスは、電気鍼よりも効果があったということだ。

こんな院長、オリンピックで活躍する教え子の姿を冥途の土産にして、五〇歳という若さで他界した。「そんなに早く死んじゃあ、ダメだっぺ」（合掌）

人命救助

季節は冬、教員採用面接の知らせ（日時）を待っている時期、長野県のスキー場にある民宿でアルバイトをしていた。三月初旬のある日、実家から「採用面接の通知が届いたからすぐに東京へ戻るように」という連絡が入った。何はともあれ、現実に教員になれるチャンスがめぐってきたのだ。早速、翌日の夜行バスで八王子に帰ることにした。

翌日、荷物をまとめて帰り支度をしていると、民宿の息子（小学生）が「裏山の雪だまりに落ちた！」と友達が知らせに来た。

民宿の裏手には山が迫っており、建物と山の間は雪が深々と吹き溜まりになっていた。その吹き溜まりの上に黄色い長靴が見える。普段息子が履いている長靴だ。真っさかさまに膝まで雪に埋まり、黄色い長靴が雪の上でバタバタと苦しそうにもがいている。それはまるで、『犬神家の一族』（横溝正史著）の登場人物佐清（すけきよ）のような状態であった。

裏山の小道から雪面まで七〜八メートルはある。飛び下りれば全身が雪に埋まり、救助どころではない。どうしようかと躊躇していると、突然、民宿の裏窓が開き、おやじさんが必死の形相で怒鳴りはじめた。

「行けー！　早く行けー！　飛び下りろ！」

その声に背中を押されて飛び下りたものの、それから先の記憶は定かでない。気がつくと、胸まで雪に埋まったまま、息の止まった息子を抱きかかえていた。必死で柔道の活法（かっぽう）（絞め技で気を失ったときに施す救急処置）を試すと、息子が息を吹き返した。救急隊が裏戸からラッセルをしながら近づいてくるが、雪が深くて近づけない。投げ渡すように救急隊に届けた息子は、毛布にくるまれ、救急車で病院に運ばれていった。

ふっと我に返ると、大騒ぎの現場は人影もなく静まり返っており、雪に埋もれたまま身動きがとれない我が身に気づいた。マジやばい！　息子が救助されたことで自分はすっかり忘れ去られてしまったようだ。夜行バスの出発時間が刻々と迫ってくる……。

天の助けか、運命か、奇跡的に雪の中から自力で這い出し、再び身支度に取りかかり、間一髪夜行バスにも乗れ、都立A高校の採用面接を受けることができた。人助けをした私に神様が教員への「扉」を開いたか、と思えたが、数日後にA高校から届いた速達を開くと、「不採用」という文字が目に飛びこんできた。

しかし、人生のドラマはまだまだ続く。捨てる神あれば拾う神あり。

翌日、F高校から面接の呼び出しがあった。新学期は目の前という三月末である。何と、その日に採用が決まった。急転直下の教員デビューである。

不採用になったA高校は、イギリスのパブリックスクールをモデルに、東京都が威信をかけて開設した全寮制の公立高校であった。開設当初は、海外や他県に赴任している保護者の子女が寮生活できるということで優秀な生徒が集まり、有名大学への進学率も高かった。ところが、次第に当初の目的にかなう受験生が減少し、定員割れを起こすようになった。それに伴って、困難な課題を抱えた生徒が多数入学するようになった。

昼間の授業、部活、行事に加えて、夜間に発生する寮生活の問題行動が多発し、二四時間を管理する教員集団は疲労困憊して全寮制度が維持できなくなり、やがて廃校となっている。このように、学校の掲げる設置目的や特色は入試倍率によって大きく左右されるわけだが、いつの時代も、その影響を一番受けるのは最前線にいる生徒と教員である。

ざんねんな先生たち

温泉学校

初任校となった東京都立F高校は、いわゆる普通科の中堅高校である。一九八〇年当時の都立高校は学校群制度のころで、学力を目安に地域ごとに割り振られた学校群を選んで生徒は受験していた。希望する学校群に合格すると機械的に学校が割り振られ、合格しても、希望の高校でないということでがっかりする生徒も多かった。行きたい学校を選んで受験するわけではないので、現在のように学校が独自の特色を打ち出して生徒を募集するといったモチベーションもなく、のんびりとした校風の学校が多かった。

教育委員会が威信をかけてつくった厳格な規律と二四時間管理体制のA高校とは対照的に、F高校は女子校にルーツをもつ、「自由」と「のんびりさ」が代表とも言える高校であった。とはいえ、そんなことはお構いなしに、私は教育への夢と希望を抱いて初出勤の日を迎えた。

遙かに丹沢の山並みを眺めながら橋を渡ると学校があった。校門を入ると、校庭の隅で穴を掘っている、日に焼けた浅黒い職員が声をかけてきた。

「お前か、今度来た新米は」

「はい、そうです」

「かわいそうに。この学校にはろくな教員がいない。教員は自由な校風と言っているが、ただ何もしないだけだ。地域からは『温泉高校』とバカにされている。ぬるくて緩い、デモシカ教員ばかりだ。教員不足のどさくさにまぎれて教員になったという、免許のないモグリもいるらしい。年中組合のビラを配っている教員もいるし、裸足で歩いて、裸でバーベルを上げているバカもいる。そのうち教員の実態が分かるだろう。あんまり期待するなよ。教員なんてそれほどいい商売じゃねえから。でも、生徒はかわいい。悪い生徒もいるが、中身は純粋だ。生徒は大切にしろ。ところでお前、柔道をやっているんだろ。力だけはありそうだな。ぼっーとしてないで穴を掘るのを手伝え！」

「何の穴ですか？」

「防空壕に決まっているだろう」

「防空壕？」

「うそだよ。暴走族が襲ってきたら隠れる穴だ」

「うそでしょ⁈」

「うそだよ。本当はダメな教員を埋める穴だ」

「うそでしょ?!」

「うそだよ。本当は悪い生徒の落とし穴だ」

「もう分かりました。生ゴミを捨てる穴ですよね」

「お前、物分かりいいな。つべこべ言わずに手伝えばいいんだよ」


あとで分かったことだが、穴を掘っていたのは事務主事のHさんで、何もしない教員を刺激するために普段からよく嘘をついていたようだ。このころの学校は、焼却炉でゴミを燃やし、生ごみは穴を掘って校庭に埋めていた。まだダイオキシンという問題もなく、世の中全体が「なんでもあり」の自由な雰囲気のなか、生徒も伸び伸びと羽を伸ばしていた。

新米ながらも、部活動と生徒指導だけは人一倍使命感をもって取り組んだ。そして、一生懸命やればやるほどすべてが裏目に出るという「ざんねんな先生」であった。

部活動は、女子バレーボール部と柔道部の顧問になった。当時はマンガのスポ根（スポーツ根性物語）ブームであり、テレビドラマ『柔道一直線』（TBS系、一九六九年）の車(くるま)先生のように、熱心にやればやるほど柔道部員はいなくなり、『サインはV』（同）の牧コーチのように気合を入れれば入れるほど女子バレー部員は反乱を起こした。言うまでもないだろう、自信満々で取り組んだ生徒指導も失敗の連続となった。

バイクの解体ショー

当時と言えば、暴走族の全盛期。授業をサボって免許を取りに行く生徒や、隠れてバイク登校をするという生徒がたくさんいた。バイクの事故も多発して、大きな社会問題となっていた。

学校の前にある橋の下は格好のバイク置き場となっていた。時々、生徒以外のバイクも止めてあるので、生徒部（「生徒指導部」、「生活指導部」などと学校によって名称は異なるが、学校行事や生活指導全般を担当する校務分掌）の教員たちも一網打尽というわけにもいかず、かなり手を焼いていた。

ある日、見回りをしていると一台だけバイクが止めてあった。絶好のチャンスだと思った。かねてより「ここにバイクを止めないように。学校長」という手ぬるい注意喚起の張り紙だけでは効果がないと思っていたので、用務主事からリヤカーを借りて、そのバイクを校庭の真ん中に運んだ。昼休みを待って、全校放送を入れた。

「今から校庭でバイクを解体します。心当たりの生徒は申し出るように」

マグロの解体ショーみたいなものだ。職員室が凍りついた。教室の窓から生徒が鈴なりになって校庭を見ている。バイクの周りに、数人のやんちゃな生徒が集まってきた。スパナとドライバーを手にしてバイクに近づくと、一人の生徒が声をかけてきた。

「先生、冗談でしょ。外部のバイクだったら大変じゃん」

「お前の心配することじゃないだろ」

エンジンのカバーを外し、プラグを抜き取って宙にかざす。

「やばいよ。無断で持ってきたら窃盗だし、勝手に壊したら器物破損じゃん」

「だから、お前の心配することじゃないって言ってるだろ」

さらに、クラッチの締め具に手をかけようとしたところで……。

「先生やめてください。それ俺のバイクです。すみません」と叫びながら、一人の生徒が走ってきた。

「だから、それを早く言えって」

見事一件落着と思えたが（少なくとも私は）、職員会議で「行きすぎた指導」ということで大問題となった。誠に「ざんねんな解体ショー」であった。

大炎上の後夜祭

生徒部の行事において初めての担当となったのが、文化祭の「後夜祭」である。当時、後夜祭と言えば、校庭に設置されたキャンプファイヤーを囲んで、生徒が男女仲良くフォークダンスを踊るというのが習わしだった。前年度の企画書を見ると、国鉄（現在のＪＲ）から古い枕木を譲り受け、それを校庭の真ん中に井桁型に組んで燃やしていた。今年はもっと驚かせてやろう、そう思ったのが「まちがい」のはじまりだった。

たまたま、体育館を新築するために古い木造の体育館を取り壊す工事がはじまっていた。校庭の隅に、処分する廃材が山のように積みあげられている。そこで、工事の現場監督に相談すると、ブルドーザーで廃材を校庭の真ん中に積みあげてくれた。翌日、学校に行くと、生徒部の教員たちが窓から校庭を見つめてため息をついていた。そして、すごい形相で言った。

「まさか、あれを燃やすつもりじゃないよね」

校庭の真ん中に、平屋一軒分の廃材が積みあげられている。運の悪いことに雨が降り出し、廃材が濡れはじめている。背筋にひんやりと冷たいものが流れるのを感じた。それも、大量に。

文化祭は無事終了し、最後のイベントである後夜祭を迎えた。幸い雨は止んだが、平屋一軒分の廃材は十分に湿り気を帯びていた。これからはじまる後夜祭は希望者のみの参加であったが、多くの生徒がフォークダンスを楽しみに校庭に集まってきた。そして、見事に積みあげられた廃材の山を見上げ、どんなキャンプファイヤーになるのかと心を躍らせていた（と思う）。

点火セレモニーがはじまった。生徒会の生徒が徹夜で準備した火の玉が屋上から降ってくる予定だったが、その火の玉が、屋上と廃材の間で止まっている。廃材を積みあげすぎて傾斜角度が足りなかったのだろう。そこで、急きょ校長に「火の神」をお願いして、松明で廃材に火をつけることにした。ところが、廃材が湿っていてなかなか火がつかない。仕方なく、廃材の周りをグルグル回りながら灯油をまいて、校長が火をつけるという「放火魔」のような間抜けな点火セレモニーとなってしまった。

後夜祭がはじまった。

巨大な廃材の山、しかし所々がチロチロと燃えているだけなので何とも情けない炎。それを囲んでのフォークダンス、まったく盛りあがらない。そんななか、適応力のある生徒は暗いほうがいいことに気づき、男女がしっかりと手をつないで『マイム・マイム』や『オクラホマミキサー』を楽しんでいた。

どんな状況でも盛りあがるものである。安堵したそのとき、廃材が発火の臨界点に達したのだろう。突然、「ゴーッ」という大音響とともに廃材の山が炎に包まれ、生徒の大歓声が校庭に響いた。終了予定時刻五分前の出来事だった。巨大な炎の輻射熱(ふくしゃねつ)があまりに強く、『マイム・マイム』の輪が前に出られず、「♪マイム♪マイム♪マイム♪マイム」と言いながら生徒は後ずさりしてしまった。

天を焦がす炎とはこのことか、メラメラと廃材が燃えあがっていく。生徒会の生徒が後夜祭の終了宣言をすると、生徒から大ブーイングが起こった。そのときだった。大きなサイレンを鳴らしながら消防車が数台現れ、校長が青ざめて飛んでいった。

後夜祭は、一転して避難訓練に変わってしまった。生徒は無事に帰宅したが、校庭では炎の勢いが増している。燃え盛る廃材の山を呆然と眺める教員の顔面は輻射熱で一様に赤く染まり、まるで灼熱地獄にいる赤鬼のように見えた。

翌日の職員会議で、「行きすぎた企画だった」とみんなから大バッシングを受けた。「当然」としか言いようのない、誠に「ざんねんな後夜祭」であった。

体罰

「火事だ！　火事だ！」

生徒が大騒ぎする声が廊下から聞こえた。職員室を飛び出すと、廊下全体に煙が充満していた。教室の後ろ側で白い煙が立ち上っている。その煙のなかで教員と生徒がもみあっていた。教室にある掃除道具入れが出火元のようだ。すでに火は消えていたが、掃除道具入れの中にはトイレットペーパーの燃え滓（かす）が転がっていた。

生徒は、「俺じゃない」とあくまでしらを切る。もみあいに割って入った私は、気がつくと暴れる生徒に手を上げていた。

その夜、生徒部の主任を務めるW先生とともに生徒の家に行き、保護者と本人に謝罪した。当時も今も、体罰は禁止されていることに変わりはないが、かつては現在ほど厳格に懲戒を課せられることが少なかったというのが実情である。学校だけでなく家庭においても、穏便に事を収めようとする寛容な雰囲気が漂っていた。それも、学校と保護者の間に信頼関係があったからであろう。

体罰が大きな事件として報道されるようになった現在、体罰は「服務事故」として厳格に取り締まられるようになっている。振り返ってみれば、体罰に寛容だった当時においても、体罰を無縁とし、しっかり指導のできる教員がたくさんいた。体罰を繰り返す教員は、それに頼った指導に陥るという傾向があるようだ。結局は指導力の問題であり、自らの指導力のなさを恐怖や暴力で補っているにすぎない。

とくに部活動における体罰は、即効的な影響力をカリスマ的な指導力と勘違いしてしまい、「中毒」になる教員がたくさんいたように思える。当時、テレビで放送されていた青春学園ドラマの『青春とは何だ』（日本テレビ系、一九六五年）とか『飛び出せ青春』（日本テレビ系、一九七二年）などの熱血教員が、若い人の「憧れの存在」となったことも影響しているのだろう。

そういえば、私の不始末で迷惑をかけてしまったW先生も、学級通信や生徒指導の通信を出し続けていた。時代の変化とともに効率やスピードを追い求める企業理念をベースにした横文字の言葉が学校にもあふれ出した状況を目の当たりにして、教育の「愛」と「ロマン」を信奉していたW先生はとても残念に思っていた。

「教育は実践でしか語れない」

「それは子どもたちが人間的に成長・発達することとどんな関係があるのか、教育はそれを問い続けること」

「議論なくして活力なし、納得なくして意欲なし、信頼なくして指導なし」

これら、学校現場に息づく愛とロマンの「W先生語録」は本書でもたくさん使わせていただいている。ちなみに、W先生が某都立高校の校長を退職したあとに私が秋留台高校の校長に昇任しているのだが、その際、式典で着る校長必需品の燕尾服を引き継いでいる。高価な式服を新調するお金と時間を節約するためでもあったが、胸のあたりに刺繍されているイニシャルの「W」を見るたびに誇らしくも思い、恥ずかしくもあった。

職員会議はプレバトル

かつての職員会議は、それぞれが独自の持論を振りかざし、口角泡（こうかくあわ）を飛ばし、喧々諤々の議論を展開していた。そして、最後は多数決で決着していた。また、教職員組合への加入率もほぼ一〇〇パーセントであった。冷戦時代ということもあり、自由主義と社会主義というイデオロギーの対立が学校現場でも頻繁に見られた。

ある教員が発言すると、必ず別の教員が反対論をぶつ。それを聞いた別の教員が賛成すると、さらに別の教員が反対するといった光景である。このようなバトル、目の前にいる生徒のことよりも、所属する組合の違いによる政治的バイアスが影響しているのではないかと思うことのほうが多かった。

これらの教員とは別に、独自の教育観をもち、ほかの教員を圧倒してしまうほどの「ご意見番」的な教員もいた。当時は明確な異動ルールも定年退職もなく、本人が「参った」をしないかぎり、職員会議のリングから去ることはなかった。新人教員という分際には、あまりにも濃すぎる議論に圧倒されるという日々であった。

当時の会議は禁煙でなかった。議論が白熱してくると、濛々と立ちこめる煙でますます議論の行方が見えなくなる。ふっーと紫煙を吐きながら、都合の悪い意見を煙に巻くという教員もいた。あるとき、養護教員が意を決して正論を述べはじめた。

「会議中の喫煙をやめてください。タバコの副流煙は毒性が強いんです。健康によくありません。ぜんそくの人もいますので、やめてください！」

すると、ご意見番が表情も変えずに手を挙げた。

「タバコやコーヒーは嗜好品です。それを他人が禁止するのはおかしい。何の権利があってそれを主張するんですか。それは人類の文化を否定することです。審議事項にもありません。議長、議事を進行してください」

養護教員の意見は、このひと言で抹殺された。現在では、会議中はおろか学校の敷地内では喫煙ができない。時代を先取る意見は、常に手厳しい洗礼を受けていた。

手を挙げた。

「前任校ではこうやっていた」と、異動してきた教員が得意げに言った瞬間、ご意見番が静かに

「ここは前任校ではない。議事進行」

「この学校の生徒はいくら面倒を見てもダメだ」とある教員がぼやくと、ご意見番がギッロとに

らんで言った。

「生徒をダメだと言ったとき、すでにその教員がダメになっている」

「お前はすでに死んでいる」と、ケンシロウに言われたのも同然である。

考えてみれば、あのころの職員会議は最後まで意見が一致することはなかった。そんな状態を

「教職員がバラバラである」と見ることもできるが、議論を尽くして最終的に多数決で決まった

ことには全員が従う、そういう組織風土が形成されていたように思える。恣意的に意見が統制さ

れることを嫌い、自由にものが言えるなかで最後は多数決で決める。それが、二度と戦争を起こ

さないための民主的な手続きであると信じられていたのだ。

とはいえ、実際には議論を尽くすことは困難を極めた。たとえば、一人の生徒の進退（退学勧告）を決めるために夜遅くまで議論するというのは当たり前であったし、採決に至らず、次回にもち越されるということもしばしばあった。しかも、発言する人はいつもかぎられていた。いざ、採決になると、判断が難しい案件ほど「保留」という教員が多くなる。議長に「保留しないように」と促されると、周囲の空気や普段の人間関係が頭をよぎる。当然、わずか数票差で生徒の進退が決まるということもあった。教員経験の乏しい未熟な自分の一票で生徒の人生が左右されてしまう――実に恐ろしい瞬間であった。

当時の職員会議は、まさに「プレッシャー・バトル」のリングであった。

多数決で決まったことが本当に正しいのか？　その場を支配する空気がもし偏向したものであったら、それは戦前と同じではないのか？　そんな状態に抵抗するだけの発言が自分にできるのか？　参加者が違えば別の結論になるのではないか？

議論を尽くすことの難しさ、そして最後は多数決で機械的に決めるという手続きのあり方に矛盾を抱きながらも、「みんなで決めたことの責任は校長がとる」という暗黙の了解のもと、職員会議が学校の最高議決機関であると認識するようになっていった。

現在、職員会議で多数決をとることはない。職員会議は校長の補助機関となり、すべてが校長裁量のもと、スピーディーに学校の方向性が決まっていく。あのころの、延々と続く無駄と思える議論の時間はいったい何だったのだろうか。多数決だろうが、校長決定だろうが、決まったことはやるしかないというのが職務であったわけだが、組織への参画意識や職場の同僚性や協働性という視点からは、言いたいことが自由に言えるという環境は、効率とは別次元となる学校文化における大切な側面であったような気がする。

何よりも、白熱した「教育の議論」が学校内でなくなったことが残念でならない。

異動こそが最大の研修

前述したように、トラブルがあったとはいえ、初任校では部活と生徒指導に明け暮れた。そして、当時の異動要綱に従って、新規採用から八年を終えて都立Ｈ工業高校（二〇一〇年に閉校）に異動になった。Ｈ工業高校は、地場産業となっている織物の振興のためにその子弟を教育する学校として一〇〇年の歴史を誇る伝統校であった。しかし時代が移り、織物産業は衰退し、繊維工学科や色染化学科は定員割れを起こしていた。また、戦後の復興を支えてきた工業化学科にも陰りが見えはじめていた。

普通科から工業科への異動は、教員としてのパラダイム転換である。同じ学校のなかにまったく違う学校が五つ（右記以外に、機械科と電気科があった）もあるようなものである。そして、学校を束ねているのは校長や教頭ではなく、各科の「科長」と呼ばれる重鎮たちであった。

「殿」と呼ばれる科長がいた。生徒として入学して以来、ずっとこの学校にいるらしい。卒業後に実習助手となり、気がつくと教員になっていたという。「殿」に意見などしようものなら、「そんなことは一〇〇年も前に決まっている」と言下に切り捨てられるというのが常であった。

この学校では、新しい校長が来ると、まず校長が重鎮たちへ挨拶回りをするというのが習わしになっていた。普段の重鎮たちは仲が悪く、内乱状態となっていたが、新参者の校長が学校運営に口を出そうものなら、瞬時に一致団結して圧力団体と化し、「そんなことは一〇〇年も前に決まっている。勝手なことをするな！」と突っぱねていた。良くも悪くも、一〇〇年の歴史と重鎮たちの結束は鉄よりも固かったのだ。

異動早々、先輩教員たちから言われたことがある。

「この学校は根回しがすべてであり、やりたいことがあったら、まず重鎮に相談して意見を聞くこと」

まちがっても、「前任校ではこうでした」と言ってはならなかった。

困った生徒と困った大人

H工業高校にも困った生徒が大勢いた。そんな生徒たちを追い回しながら、ここでも部活動と生徒指導に明け暮れた。

夏休みに保護者からスイカの差し入れがあった。プールサイドで生徒と一緒に食べようと思い、水着のまま用務室から包丁を借りてプールへと向かった。その直後、近隣から事務室に、「上半身裸の男が包丁を持って学校の敷地内をウロウロしている」という通報が入った。事務室に緊張が走り、パトカーを要請するといった大騒動になった。

かつて地場産業を支えた一〇〇年の伝統校、その地域連携はすごい。「町で石を投げれば卒業生に当たる」と言われていたが、その一人、近所に住む「卒業生」と名乗るじいさんが毎日学校に来ていた。そして、野球部のピッチャーがパチンコ屋にいたとか、女生徒がスーパーで万引きしていたとか、路地の裏で生徒がタバコを吸っていた、などと密告してくれる。ひととおり報告が終わると、「それでは巡回に行ってきます」と言って帰っていく。

誰も頼んでいないのに、隠密のごとき使命感をもって報告してくれるのだ。たぶん、このじいさんが私のことを通報したのだろう。

ある日、逆上した生徒が校庭で丸太を振り回して暴れていた。興奮した生徒を黙って見ていると、その生徒が「何で早く止めないんだ！」と怒鳴りはじめた。

「何で?」と聞くと、「これ以上暴れたら手遅れだろ。退学になっちゃうじゃないか！」と言うので、「分かっているなら落ち着け！」と返すと、生徒は急に丸太を置いておとなしくなった。

なぜ暴れていたのか、まったく分からなかった。

教室でシンナーを売買している生徒もいた。授業を抜け出し、廊下からほかの教室にいる生徒をビービー弾で撃っている生徒もいた。導火線を使って、屋上の爆竹が授業中に爆発するという時限爆弾をつくった生徒もいた。オウム真理教が世間を騒がせていたころでもあり、生徒のなかに信者がいるのでは、と激震が走ったほどである。

ある朝、水泳の授業でプールに行ったら、水面が赤くなっていた。朝日が水面に反射しているのかと思ったら、赤いペンキが投げこまれていた。水泳が嫌いな生徒の仕業にちがいない。水溶性のペンキだったので、すぐに水を入れ替えて授業を再開したが、それから数日後、あろうことか今度は黒いペンキが投げこまれていた。始末の悪いことに、それが油性だったため、プールの濾過機をすべて交換することになり、水泳の授業は中止となった。

トイレはいつも吸い殻であふれていた。校内巡回の当番教員が学校のトイレをひと回りすると、バケツは吸い殻で一杯になった。生徒の連携が巧みで、なかなか尻尾を出さない。生徒はというと、喫煙の現場を見られても平気な顔で言い逃れをしてきた。

「お前、タバコを吸っていたな。俺は見たぞ」

「いや、吸ってません」

「嘘をつけ。口にタバコをくわえていたじゃないか」

「あれは違います。口で持っていたんです。先輩に『タバコを持っていろ』と言われたんですが、両手に荷物を持っていたので口で持っていました」

「分かった、もういい。それを普通は喫煙っていうの。覚えておけ！」

ナヤンデルタール人

困った生徒も多かったが、それに負けないくらい困った大人もたくさんいた。事務室には「最強」と呼べるKさんがいた。

「K主事。K主事。至急事務室に戻りなさい」

怒りをにじませた事務長の校内放送がよく流れた。

そんなとき、Kさんは決まって私と油を売っていた。Kさんが話す、人生論から宇宙論にワープする壮大な雑談が大好きだった。たぶん、普通の人には理解できないだろう。話の内容が難しいのではなく、話が突然飛躍するからだ。たとえば、こんな感じである。

「私は悩んでいます。周りが私のことを理解してくれないんです」

「それは困りましたね」

「私の祖先はナヤンデルタール人かもしれない」

「それは面白い！」

「うちの事務長の祖先はハラクロマニヨン人です」

Kさんは引っ越しを繰り返していた。ゴミを捨てずにためておくために悪臭が立ちこめ、大家さんに追い出されるからだ。あるとき、コンロを点火したら突然爆発した。たぶん、ゴミからメタンガスが発生していたのではないかと思うが、本人は「宇宙からも攻撃を受けている」と言って怒っていた。

用務主事のWさんもすごかった。Wさんは、自称宗教家で実業家。そんな人がなぜこの学校で用務主事をやっているのかよく分からなかった。Wさんからはよくお説教された。たとえば、こんな感じである。

「この学校の教員も生徒も心が腐っている」

「どうしてですか?」

「学校中がゴミだらけだ。トイレはタバコの吸い殻で詰まっている」

「なるほど。どうすればいいですか?」

「ゴミを拾え。トイレをきれいにしろ。それが教育のはじまりだ」

この言葉に感銘を受けて、Wさんに集会で話をしてもらうことにした。

白装束に鉢巻をして金剛棒を握り、棒の先の鈴をジャリジャリと鳴らしながら生徒の前に現れたＷさん。その異様な光景に、つっぱり連中も圧倒されてしまった。そして、おもむろに般若心経を唱えはじめた。

「喝！」——Ｗさんの怒号が体育館に轟きわたった。

「お前らは地獄に落ちる。ゴミを捨てるな。トイレでタバコを吸うな」

この一喝で気合が入ったのは、生徒ではなく教員だった。集会のあとも、相変わらず生徒はゴミを散らかし、トイレでタバコを吸っていたが、校内を巡回する教員の数とその回数がまちがいなく増えたのだ。

あるとき、Ｗさんが突然職員会議に現れてお説教をはじめた。

「このなかに、家庭のゴミを持ち込んで焼却炉で燃やしているバカがいる。地獄に落ちるぞ！」

「……」

「燃え残ったゴミのなかに印鑑が落ちていた。誰がやったか分かっている」

「自分です」と潔く私が手を挙げると職員会議は大爆笑となり、Ｗさんからこんこんと説教を受けることになった。

ちなみに、この話には後日談がある。燃え残ったゴミを、なぜか生徒が拾っていたのだ。それは、若き日の私の写真だった。悪ガキどもが写真を回し見してゲラゲラと笑っていた。

「やべーよ、まだ毛があるよー」

ざんねんな管理職たち

教頭デビュー

　都立Ｈ工業高校でやんちゃな生徒を追い回していたしくじり先生が、突然、都立Ｍ工業高校の教頭として赴任することになった。この学校には教頭が二人配置されていた。同時に昇任した二人、当然、学校のことや管理職の仕事がよく分からない。同僚になったＨ教頭の実家は八百屋のようで、着任早々、毎朝職員に野菜や果物を配っていた。年上のＨ教頭が上から目線でこう言った。

「こうして普段からモノを配っておくことが大切なんだよ。いざというときに職員が味方をしてくれるからね。管理職は、一〇〇回の『ありがとう』より一本の酒だよ」

　朝市じゃあるまいし、と思うと同時に、教職員も教頭が毎日せっせと白菜やキャベツを配る姿を見て下心を感じないわけがない。そんなある日、学校運営連絡協議会の準備で問題が勃発した。外部の有識者を集めて学校改善のご意見を賜るという趣旨で、その年から学校運営連絡協議会がはじまっていた。

実家が八百屋だけに、「初物は俺に任せろ」とばかりにＨ教頭が張り切って、朝から準備をはじめていた。その準備中に事件が起こった。

用務室からＳ校長の怒鳴り声が聞こえてきた。

「誰が『芋をふかせ』と言ったんだ。学校運営連絡協議会に何で芋が必要なんだ。何のためにやるのか分かっているのか！　用務主事の仕事を増やすんじゃない！」

Ｈ教頭は、協議委員に芋を食べさせれば学校に好印象を与えると思ったらしい。

その後もしばらく朝市を続けていたＨ教頭、教員との関係はどんどん悪くなっていった。モノをやっても人はなびかない。ただほど高いものはない。誰もなびかないので、Ｈ教頭は朝市をやめることを決意した。そして、校長や教員とのトラブルが絶えないＨ教頭がぼやいた。

「教頭を辞めたいよ。教員からはキョートー、キョートーって責められるし、校長からは『やめろ』って怒られる。もう、やってられない」

ちなみに、翌年（二〇〇四年）四月から、「教頭」は「副校長」へと名称が変更された。細かく言えば、これによって職責も微妙に変わったわけだが、教員からは「頭に来たときに怒鳴りにくい」と不評だった。「キョートー」だと怒りの勢いが出しやすいが、「フクコウチョウだとモンシロチョウみたいで気が抜ける」と言っていた。

教頭になったばかりのときのＳ校長はめっぽう厳しく、Ｈ教頭とともに毎日小言を言われた挙げ句、呑み屋で「管理職としての資質能力に欠ける」と怒られてばかりいた。その跡を継いだT校長はめっぽう優しく、休日に、地元のスーパー銭湯でマッサージ付きの呑み会に誘ってくれた。これはラッキーと思っていたら、突然、統廃合の危機にある都立S工業高校へ異動となった。

そこで待っていたのが、「学校改革の寵児」と恐れられていた登り龍のウルフ校長だった。

教員性悪説を唱えるウルフ校長は、「忙しい、忙しいと文句を言っている教員ほど何もやらない。ダメな教員ほど生徒のせいにする」と剛速球を投げ続け、一本釣りした若手教員で「将来構想委員会」を組織し、力任せに統廃合の危機にある学校を立て直そうとしていた。その強引すぎる改革手法に対する不平不満が臨界点に達したある日、学校周辺の道路に大量のビラがまかれた。

「ウルフ死ね」、「ウルフの学校募集停止」

最寄り駅に向かう道路の電柱にも、学校前の道路標識にも、「ウルフ死ね」の落書きが出現した。ビラや落書きの犯人はいったい誰なのか。教員の間では、校長と不仲なY副校長ではないかという疑惑がもちあがっていた。

ウルフ校長の騎馬戦

そんなころ、体育祭が行われた。ウルフ校長から、「うちは最低の体育祭だから、体育の管理職のお前が何とかしろ」と私に命令が下った。さらに、「これは体育科がだらしないからだ。体育科がダメなところは学校もダメになる」と、相変わらずのウルフトークであった。

たしかに、とんでもない体育祭だった。入場行進もなく、開会式もおしゃべりばかりでいつはじまったのかも分からない。生徒はというと、バラバラに好きな所に座って見ている。徒競走で真面目に走っている生徒はもちろんいない。真剣にやるのは騎馬戦だけらしい。そこで、ウルフ校長にお願いした。

「校長、生徒に気合を入れるために我々も騎馬戦に参加しましょう」

「それは面白い。いいじゃん、やろう、やろう！」

ウルフ校長のすごいところは、深く考えずに即決するところだ。常々、「物事は極端にやらないとはっきりとした結果が見えてこない」と言っている。

そこで、柔道部の屈強な顧問と体力のある運動部の顧問を募り、校長と副校長二人を騎馬に乗せた三騎の「管理職騎馬隊」が急きょ編成された。

管理職が騎馬戦に参加すると知った生徒の顔色が変わった。体育祭のメインイベント、騎馬戦がいよいよはじまる。グランドは、かつてないほどの興奮と緊張感に包まれた。ウルフ校長の騎馬を先頭にY副校長、そして私の騎馬が順次入場していく。保護者席からは「ウルフ頑張れ！」の大声援が沸き起こる。生徒の席からも「校長頑張れ！」の声援が飛ぶ。そんななか、教員席から「ウルフ死ね」という罵声が聞こえたような気がした。

出陣の合図とともに、一斉にウルフ校長の騎馬に生徒の騎馬が襲いかかる。よく見ると、Ｙ副校長の騎馬も背後から校長の騎馬を狙っている。それにしても、生徒の瞬発力は凄い。あれだけダラダラと走っていたのが信じられないほどだ。生徒の猛攻で、ウルフ校長の騎馬もＹ副校長の騎馬もあっけなく撃沈した。

　校長を潰して雄叫びを上げる生徒の騎馬は、次の標的を私の騎馬に定めて向かってくる。体重七五キロの私が乗る騎馬は、体重一〇〇キロを超える柔道部の顧問三人が組んでいる。正顧問が五段、副顧問二人が三段、そして私が六段、合わせて三七五キロの、柔道一七段という最強の騎馬である。

　襲いかかろうとしている生徒たちは「猛獣」と化している。よく見ると、周りを取り囲んでいる生徒は、問題を起こして謹慎を申し渡したばかりの連中であった。このときとばかりに、日頃のうっぷんを晴らそうと襲いかかってくる。

　てんでバラバラでしらけ切っていた生徒たちも、全員が総立ちで応援している。保護者も大歓声で我が子を応援している。さらに、教員たちも、ここで負けたら生徒が調子に乗って言うことを聞かなくなると恐れて必勝で応援している。この一体感、いったいどういうことなんだろう。生徒、保護者、教員がこれほど盛りあがる体育祭があるのだろうか。

　さすが、柔道部の顧問で構成される最強騎馬だ。生徒の猛攻をしのいで踏ん張っている。騎馬が潰れないので、上に乗っている私は、生徒が繰り出すパンチやラリアートの標的になった。しばらく頑張ったが、ついに生徒の二の腕が私の首に巻きつき、裸絞めの状態になって地面に落下した。その瞬間、割れんばかりの大歓声が上がり、会場は興奮のるつぼと化した。

無事に、「最低の体育祭」とウルフ校長が嘆く体育祭は終了した。

体育祭の反省会は大いに盛りあがった。校長の騎馬に最初に襲いかかったのがY副校長だったと聞いて、教員は大喜び。やはり、ビラや落書きの犯人はY副校長なのだろうか。千鳥足で駅に向かう帰り道、電柱ごとに書かれた「ウルフ死ね」や「ウルフの学校募集停止」の落書きをみんなで指さし、あらぬ妄想が膨らんでいた。

薄氷を踏む周年行事

そんな折も折、四〇周年記念の式典が執り行われた。式典における国旗掲揚および国歌斉唱の実施についての通達[1]が出た直後の周年行事であったため、教育委員会も適正な実施に向けて緊張

（1）二〇〇三年一〇月二三日、都立学校の校長に対して、「入学式、卒業式等における国旗掲揚及び国歌斉唱の実施について（通達）」が発出された。この通達によって、教職員が本件通達に基づく校長の職務命令に従わない場合は服務上の責任を問われることになった。

感を高めていた。このような背景もあって、式典前日の夕方、プレッシャーのかかった校長と一緒に隅々まで式場の点検をしているときだった。壇上に立ち、翌日に迫った式典をイメージしながら周囲を見わたすウルフ校長の顔色が突然変わった。

「副校長来てよ。演台の裏側にも『ウルフ死ね』って書いてあるよ」

式典当日の朝、昨日消した演台の落書きを点検に行ったが、とくに異常はなく、やれやれと胸をなで下ろしながら体育館のトイレに入って驚いた。トイレのドアの裏側に、「ウルフ死ね」の落書きがあったのだ。国旗、国歌の問題よりも校長へのバッシングのほうがはるかに大きな問題であったが、薄氷を踏みながら、記念式典は何とか無事に終了することができた。

教員の潜在能力は計り知れない。ウルフ校長の教員性悪説を見返してやろうと、若手を中心にして教員の結束力が次第に高まっていった。将来構想委員会の若手を中心とした資格取得のための朝講習会の成功がきっかけとなり、「みんなでやろう」の掛け声のもと「ISO14001」[2]の取得や学科改編などという大きな学校改革がボトムアップで動き出したころ、突然、ウルフ校長から私は異動を告げられた。

異動内示を見ながら、ウルフ校長は苦虫を噛んでいた。

「おかしい。うちの副校長を一番大変な学校に異動させてくれ、と言っておいたのに、この学校は普通だろ……」

何が普通なのかがよく分からない。ウルフ校長が私の異動先となる学校の校長に異動面接のアポイントをとるために電話をしたところ、「今は混乱中だから、三月末まで学校に来ないでくれ」と言われたようだ。それを聞いた、渋い顔をしていたウルフ校長がニヤリと笑って言った。

「これは何かあるぞ。いいじゃん。やりがいあるじゃん」

ガンジー校長

二〇〇六年三月末、明日から新年度がはじまるという日曜日のお昼、同じく新しく着任することになった新校長に呼び出された。待ち合わせ場所となった立川駅の改札口に行くと、浮浪者のような風貌の痩せこけたじいさんが手を振っている。まさか、あれが校長なのか……。浮浪者風のじいさんに誘われるまま、駅の近くにある、昼間からやっている居酒屋に入った。

「今度一緒にやる新任の校長です。よろしく」

そう言ったきり、ビールや刺身をどんどん注文し、自分は酒を呑まずに世間話をするばかりで時間が過ぎていく。打ち合わせではないのかと思いつつ、いいかげんに酔っぱらってきたところ

（2）環境マネジメントシステムに関する国際規格のこと。社会経済的ニーズとバランスをとりながら環境を保護し、変化する環境状態に対応するための組織の枠組みを示している。四七ページも参照。

で新校長がぽつりと言った。

「今の先生たちは疲れているんだよね。みんなを楽にさせようよ」

そう言って、これから学校で残務処理があるからと、私を残して帰ってしまった。あんたが一番疲れているんじゃないのか、これで校長職が務まるのか、一緒にやっていけるのか、と不安になった。ギラギラと脂ぎった登り龍のウルフ校長とは正反対となる浮浪者風の新校長を、私は「ガンジー校長」と呼ぶことにした。

何も考えていない校長

四月一日、新芽の萌えはじめた玉川上水の木立のなかを抜けて、新しい都立K高校に赴任した。副校長の机の上に何やらメモが置いてあった。それを見て愕然とした。

・まだ講師が決っていません。授業がはじまるまでに探してください。

・学校沿革史が行方不明です。開校からの三〇年分の記載をお願いします。

・三年越しの訴訟案件が未解決のままです。何とかしてください。

・私は退職します。絶対に連絡しないでください。

前副校長からの伝言である。メモで伝える内容かよ、と憤っているところに電話が鳴った。まだ名前も顔も知らない教員が自宅で倒れて、救急搬送されたという。

初日の午後、上野にある東京文化会館で校長昇任の辞令を受けたガンジー校長が学校に戻ってきた。それを待っていた教職員団体が校長室に押しかけてきた。

「前任の校長も副校長も、突然二人が退職して学校は大混乱になっている。どうするおつもりですか。校長！」

「……」

「我々教職員は捨て去られたままです。どうされますか、校長！」

「……」

「校長！　まだ代替講師も決まっていないし、訴訟問題も泥沼ですよ！」

「……」

「今朝も、過労で倒れて救急搬送された先生がいます。こんな過酷な労働条件を放置しておいていいんですか⁈」

「……」

「前の校長は、教員が何もやらないからと管理運営規則を盾に改革・改善を迫ってきたが、結局、自分が辞めてしまって混乱が増しただけじゃないか！　どうするつもりです！」

「……」

「この学校をどうするつもりなんだ!!　校長!」

「……」

「校長、黙っていたら分からないよ。何とか言えよ!」

「まだ何も考えていない。疲れているからちょっと待って、お願いだから……」

「……」


着任早々憔悴しきっている校長を見て、教職員団体も拍子抜けしたのかもしれない。「しょうがねーなー」と捨て台詞を吐いて、引き揚げていった。

これは「いい手だ」と思った。もし、自分が校長で赴任したときは絶対にこの手を使おうと密かに思った。ガンジー校長は「まだ何も考えていない」と言っていたが、驚いたことに、半年が経過しても何も考えていなかった。

そして、金髪、ガングロ、ルーズソックスという色とりどりの生徒たちが登校してきた。始業式の式辞のときだった。一向に静まらない生徒に対して、ガンジー校長は珍しく声を荒げて「うるさい!」と一喝した。

その瞬間、コロコロと何かが壇上の床に転がった。ガンジー校長は話を中断し、慌ててそれを拾いに行ってポケットに入れた。それを見た生徒が、何事かと一斉に静まり返った。そして、その静寂を利用して、何事もなかったように話を続けた。壇上を降りて私の前を通るとき、ガンジー校長が口を開けながら言った。

「前歯が取れた」

ガングロギャル

不思議なことに、何も考えていないように見えるガンジー校長がのらりくらりしている間に懸案事項が次々と解決していった。一〇年以上も行方不明だった「学校沿革史」も、乱雑に山積みされた前副校長の書類を処分しているときに発見された。そして、病気休職者の代替講師も面白いように次々と決まっていった。

遅刻が多いので毎朝校長と昇降口で生徒を指導していると、「目障りだからやめてくれ」と職員会議で大炎上した。それでも続けていると、生徒の遅刻は減らないが、遅刻ギリギリに滑りこんで来る教員がいなくなった。そして、長年未解決のままだった生徒間トラブルの訴訟案件も、ガンジー校長がのらりくらりと示談にもちこんでしまった。残る課題は、困難を極める生徒指導だけとなった。

職員室のあちらこちらで生徒の罵声や絶叫が飛び交っている。とくに女生徒、ガングロギャルは手ごわかった。ガングロとは、二〇〇〇年ごろをピークに、頭髪を茶髪やオレンジに脱色し、顔面を黒く塗って、目、鼻、口を白く縁取りした山姥（やまんば）のような女子のこと。みなさんも記憶にあるだろうが、当時、渋谷や池袋にたくさん「生息」していた。

当然、ガングロギャルは化粧指導などにはまったく従わない。そもそもガングロなので、素顔がよく分からないから、みんな同じ顔に見えてしまって誰に指導したかも分からない。頭髪指導はというと、世界最大の化粧品会社「ロレアル」の規準を示していたが、ロレアルにもないと思われる不思議な色もあり、カラー番号などまったく関係がなかった。毎日続く不毛とも言える生徒指導のいたちごっこに、教員集団は完全に疲労困憊していた。

それを知ったガンジー校長、「先生たちが疲れているから、我々管理職で頭髪や化粧の指導をやろう」と言い出した。そして職員会議で、「手に負えない生徒は校長室に寄こしてください」と宣言した。その結果は言うまでもないだろう。ガングロギャルが続々と校長室に押し寄せてきた。

顔面認証のできないガングロギャルが徒党を組んで、ガンジー校長に食ってかかる。

「てめが校長かよ、かっこつけて呼び出すんじゃねえよ！」

「痩せてガイコツみてえ。ガイコツジジイ死ね！」

「集会のときに歯が落ちたんだろ。マジ、ウケル。ガイコツヤバ」

このタイミングでガンジー校長の目玉が落ちたら、さすがにガングロも顔面蒼白になって驚くだろうと思ったが、さすがにそこまでの飛び道具はもっていない。結局、ガングロギャルたちは一方的に文句を言って、校長室の壁を蹴って出ていってしまった。

ちなみに、このころ（二〇〇〇年前後）から服装・頭髪指導を厳しくする学校が増えはじめ、制服化がブームとなっていった。私が教員になったころ（一九八〇年前後）は制服のある都立高校が少なく、自由服か標準服というところが多かった。そして、職員会議において服装や頭髪指導をやろうとすると、「個人の自由を侵害する」とか「強制は軍国主義への道だ」などと言って、目の前の生徒のことより、はるかかなたのイデオロギー問題にすり替えて発言するという教員が結構いた。

偏見かもしれないが、頭髪や服装指導に反対する教員にかぎって、自分の子どもは厳格な規律と制服のある私立校に通わせているというケースが多いように感じられた。その理由として、「都立の教員は信頼できないからだ」と言うが、いったいそれは誰のことなのか……と思ってしまう。

とはいえ、都立高校に山姥（やまんば）が現れるようになったころから、「さすがに自由すぎるのはまずいだろう」と服装・頭髪指導が強まり、制服にする高校が増えていったように思える。そうなるとお礼を言わなければならない。「山姥ありがとう！」

人食いバクテリア

　ガングロの制圧は難航した。温厚なガンジー校長も次第に険しい表情になり、かわいいガイコツから怖い髑髏(どくろ)へと変身を遂げた。指導に従わない生徒には、その場で「謹慎」を申し渡した。すると、泣きわめきながら校長室を飛び出した生徒の保護者から入る苦情の電話が絶えなくなった。

「何で、急に指導が厳しくなったんですか⁉　校則のゆるい自由な学校だから娘を入れたんですよ。娘は『こんな学校辞めてやる』と言っています。校長はそれを分かっているんですか！」

「担任からは何も注意されないのに、いきなり校長が指導するのはおかしいんじゃないですか！　校長は生徒のことを分かっているんですか！」

「茶髪や化粧の生徒は、ほかにもたくさんいるじゃないですか！　何でうちの娘だけ指導されるんですか！」

　こうして校長室は大混乱の修羅場と化したわけだが、一方、職員室は平穏な日々が続くようになった。そんななか、ガンジー校長が突然四〇度という高熱を出して緊急入院となった。お見舞に行くと、ガンジー校長が点滴につながれて息絶え絶えの状態になっている。まるで人体の骨格標本に点滴を打っているような姿だった。

ガンジー校長が「人食いバクテリア」に感染したらしい。近年の新型コロナも怖いが、名前だけならさらに恐ろしい。そんなバクテリアが本当にいるのかよと思ったが、抗生物資が効かず、病状はどんどん悪化する一方だった。

入院生活が一か月を過ぎ、副校長の私が「校長代理」となって、毎日、事務長と校長室に入り浸ることになった。このままガンジー校長が死んでも不仲の奥さんは引き取りに来ないだろうから、「学校葬」として玉川上水沿いの林の中に樹木葬をしようと、二人して毎日あらぬ妄想にふけっていた。

教員には「校長がひん死の重体で、緊急事態だ」と言ってあるので、企画調整会議や職員会議で大炎上することはない。そして何よりも、危機感を抱いた教員が一丸となってガングロ制圧に乗り出すことになった。ガンジー校長の神通力なのか、教員の潜在能力なのか、不思議なことにガンジー校長の入院を境に学校全体が落ち着きはじめ、穏やかな状態になった。

奇跡の合唱コンクール

Ｋ高校の合唱コンクールは有志で参加する形式となっており、放課後に学校の体育館で実施していた。とはいえ、参加した生徒が勝手な行動をとったり、鑑賞態度が悪かったりと、生徒部の担当者泣かせという行事になっていた。

「うちの生徒には合唱コンクールは無理」というのが教員の共通認識であり、有志による合唱コンクールも廃止にしたほうがいいという意見が多数を占めていた。一方、生徒からは、「外部の会場を借りて、クラス全員で合唱コンクールをやりたい」という強い要望が出ていた。ある日、若手の音楽教員が職員会議の場で訴えた。

「生徒は合唱コンクールをやりたがっています。外の会場を借りて、クラス全員参加の合唱コンクールをやらせてください」

「うちの生徒には無理ですよ。有志でも指導に従わないんだから、全員でやるのは絶対に無理です！」

「外部施設を借りる予算も組んでいないし、今から会場を押さえるのは不可能でしょう」

「いったい、誰がクラスの歌唱指導をするんですか？　担任は忙しくて、そんな暇はありませんよ。言うことを聞かない生徒に、歌の指導なんてできませんよ」

猛烈な反対の嵐で、音楽教員の提案はあっさり却下された。翌日、その教員が校長室に泣きながら直訴に来た。

「合唱コンクールをやらせてください。うちの生徒はやれば絶対にできます。お願いです。私が全クラスの歌唱指導をやります。やらせてください！」

ニコニコと話を聞いていたガンジー校長がぼそっと言った。

「副校長、やろうよ」

　マジかよ、誰がやるんだよ……と思っていたら、ガンジー校長がしらっ、と言った。

「やると決まれば先生たちは協力してくれるよ。生徒もちゃんとやれるよ」

　根拠のない自信で教員性善説を唱えている。案の定、次の職員会議は大炎上となった。猛烈な反対の嵐のなかで究極の質問が発せられた。

「校長、どこでやるんですか？　今から外の会場を予約できるんですか？」

「大丈夫。もうとっくに押さえてあります」

　本当かよ⁈

　ガンジー校長の提案はこうだった。

　半年後に迫っている周年行事の会場を使って合唱コンクールをやる。周年行事は午後からだが、準備のために会場は午前中から押さえてある。その午前中に合唱コンクールをやり、優勝クラスを午後に行う周年行事におけるアトラクションのメインにする。その提案に、再び大反対の嵐が吹き荒れた。

「何をバカなことを言っているんですか！　午前中に合唱コンクールをやり、午後に周年行事なんて……そんな無謀な計画は聞いたことがない。絶対に無理です！」

「生徒が遅刻して、午前中の合唱コンクールが長引いたらどうするんですか⁉　周年行事の来賓を待たせるんですか⁉　無茶はやめてください！」

「いつ、どこで、生徒に昼食をとらせるんですか？」

もっとも、とも言える反論の嵐が吹き荒れる。それまでずっと黙っていた音楽教員が意を決して発言した。

「午前中に終わるように計画します。生徒も、大きな会場で合唱ができるならきっと協力してくれます。生徒を信じて、やらせてください」

すると、周年行事実行委員長が静かに手を挙げて発言した。

「前任校長が勝手に会場を予約したまま退職して以来、周年行事の準備は何も進んでいません。PTAや同窓会からもアトラクションや祝賀会の問い合わせが来ていますが、まったく何も動いていません。もし、合唱コンクールの優勝クラスが披露できるなら、来賓や同窓生も喜ぶし、今からアトラクションの内容を考えなくてもいいので一石二鳥です。何とか、午前中に合唱コンクールはやれないものでしょうか……」

この発言から風向きが変わっていったが、相変わらず反対論が優位であることに変わりはない。結局、担当部署である生徒部と周年行事実行委員会が合同で、合唱コンクールを「やる、やらない」を含めて検討することになった。

何とも不思議なことに、結局、合唱コンクールと周年行事をセットで開催することに決まった。そして、ガンジー校長の預言どおり、無謀な行事に向けて教員集団は一致団結して準備にとりかかりはじめた。

半年後の当日、生徒たちもこんな思いにこたえ、遅刻もなく見事な合唱コンクールとなり、周年行事のアトラクションも優勝クラスが花を添える形となり、来賓や同窓生から大喝采を浴びることになった。まるで、映画『天使にラブソング２』（ビル・デューク監督、一九九三年）のごときであった。

この出来事は「奇跡の合唱コンクール」として、生徒とともに教員集団の自己肯定感を大きく高めることになった。そして、これがきっかけとなって、低迷する入試倍率が上がり、進学実績も飛躍的に伸びるなどとは誰も予測していなかった。つまり、「マッハの壁」を超えた瞬間であった。

その後、年度末のある日、校長室に呼ばれると、ガンジー校長がいつものように朝食のトーストをかじっていた。そして、眠そうな目をこすりながら笑顔で言った。

「おめでとう！　学び直しの高校の校長に昇任だよ。いい学校だよ」

その高校というのが、冒頭でも紹介した東京都立秋留台高校である。

第4章 ぼうずの校長通信

現場の教職員とともに学校改革に邁進した苦節七年間（実は、結構面白かった）の副校長時代を経て、いよいよ校長デビューである。校長になるとついつい書きたくなるのが「校長通信」である。教員時代は「はりぼ〜ず」という学級通信（五三ページ参照）を毎日出していた。その流れをくみ、私自身の容姿から「ぼうず通信」と名付け、教育や学校に対する校長としての思いを、教職員や生徒、保護者、地域の方々に伝える武器とした。

でも、それは「もろ刃の剣（つるぎ）」でもある。調子に乗って書けば言質（げんち）をとられることになる。あのとき、あんなことを書いていたではないか、と突っこまれる。面白くなければ誰も読まない。中身がなければ校長の資質や能力が問われる。それこそ「ざんねんな校長通信」になってしまう。それでも書き続けてきたのは、日々変化する生徒や教員が織りなす学校の空気感やそこに吹きこむ風を全教職員でリアルタイムに共有したかったからである。

年度末には、一年にわたって書きためた「ぼうず通信」(校長通信)をまとめて冊子にしていた。毎年、これを読み返して、校長として伝えてきた言葉のベクトルや一貫性を再確認し、次年度を迎えるようにしていた。

本章では、一四年にわたる校長在職期間中に書いた校長通信を抜粋する形で紹介していきたい。もちろん、多少なりと手直しをしているが、ただ羅列するだけでは面白くないし、読まれる方も退屈するだろうから、二つの節に分けて掲載していく。

まず「巻頭言の風をよむ」では、一四冊子の巻頭言を時系列で紹介する。次の「折々の風をよむ」では、その時々に学校に流れた風をネタに書いたものを紹介していきたい。なお、前章までに触れた出来事などが繰り返される場合もあるが、その点はご容赦願いたい。

本章を先に読んでいただいてもいいのだが、第2章、第3章、第4章を通して読めば、現場における学校改革の悪戦苦闘が生々しく、リアルに伝わるかもしれない。その時々の通信に刻まれた言葉の端々から、学校を包みこむ現場の空気感を味わっていただければ幸いであるが、それもみなさんの想像力のいかんによる。文章から読み取れる風景を、みなさんが日ごろ思い描いている高校のイメージに重ねていただければリアル感が増すように思うので、試していただきたい。

巻頭言の風をよむ

湘南の風（二〇〇八年度）

二〇〇八年四月に校長に昇任し、右も左も分からぬままに一学期が終わろうとする七月初旬、それまで大きな病気をしたことのない娘が、突然ウイルス性の脳炎を患った。学校の帰りに行方不明となり、神奈川県のＪＲ大船駅で発見され、近くの病院に救急車で搬送された。

病状は日に日に悪化し、女房と交代で集中治療室にいる娘の看病をするという生活がはじまった。新任校長が、一学期の成績会議も終業式も不在という状態で夏休みを迎えてしまった。学校に戻れたのは、娘の病状が安定した八月中旬であった。

副校長時代、病気で入院した校長に、「入院していてもできる学校経営は素晴らしいですね」と大口を叩いていたが、その言葉が我が身の現実となってしまった。毎朝、病院から副校長に、「学校に変わりはありませんか？　いつ戻れるか分かりませんが、よろしくお願いします」と携帯電話でお願いするばかりという「ふがいなさ」と「後ろめたさ」を感じつつも、何としても我が子を救いたいと、なりふり構わぬ親心のほうがはるかに勝っていた。

生徒の問題行動が多発する本校において、不思議とその期間だけは何事も起こらなかった。それについては、副校長や教員の方々、そして生徒に感謝しなければならない。

このときのことで、はからずも実感できたことがある。一つは、校長の前に父親であること。そして、校長が不在でも学校は何事もなく回るということだ。要するに、新米校長の「力み」や「気負い」が一気に抜けてしまうという出来事であった。

このときの体験は、その後の校長としてのあり方に貴重な示唆を与えてくれることになった。娘の運ばれた救急病院は、二四時間オープンを理念とする病院であった。その理念と体制を維持するために、若い医師がチームを編成して患者に対応していた。病院での生活が長引くなか、次第に周囲が見えてくると、その環境が自分のいる学校の状況に重なるように感じはじめた。

見るからに経験が浅く、自信のなさそうな医師が悪化する娘の病状や治療法を説明する際、「マニュアルではこうなっています」と言っていたが、その言葉に不安よりも腹立たしささを感じていた。また、人工呼吸器を装着するとき、「一度装着すると、ご家族が希望しても法的には外せません」と額面どおりに言われ、不安と怒りが増すばかりであった。

どのように説明されても娘の病状や治療法は変わらないだろう。しかし、説明の仕方によっては納得できない場合がある。それは、ちょうど、生徒の問題行動で進路変更（転学や退学）を迫られた保護者の心情に重なるように感じられた。

さらに病状が悪化して痙攣が頻発するようになると、看護師を呼び出すためのブザーを押す回数が増え、その到着が少しでも遅いと、いら立ちを覚えるようになった。また、看護師が行う点滴の巧拙（こうせつ）さも気になるようになった。さらには、空き時間にパソコンに向かってデータ入力をしている看護師の姿を見て、「そんな時間があるなら、なぜもっと患者を診ないのか」という不信感に変わっていった。

これはまさに、教員の資質・能力の問題や、文書に追い回される多忙のなかで生徒と接する時間が奪われ、生徒や保護者のトラブルが頻発するという教育現場の「影」を彷彿させる光景であった。

しかし、長らく病院で寝泊まりするうちに、次々と運びこまれてくる重症患者に対して不眠不休で対応している医師や、頻繁にある患者からのコールに休む間もなく、しかも笑顔でこたえている看護師の姿を見て、これ以上、現場の人間に何を求めることができるのか……という思いに変わっていった。

このような私の変化が理由だろう。日替わりで宿直する看護師さんとも、気心が知れるほどに安心感をもつようになった。また、若い医師が廊下や病室で行っているミーティングの様子を見て、頼もしく感じられるようにもなってきた。医療現場における壮絶な格闘シーンを毎日のように見れば、最前線で身体を張っている医師や看護師をもっと信頼して、家族も一緒になって病気と向きあわなくてはいけない。そんな連帯感、一体感が強くなったという経験であった。

いかに崇高な理念や厳格な規則があっても、すべてのことが、運用する人と人とのかかわりのなかで良くも悪くもなっていく。それが現場における現実である。学校現場の最前線で身体を張っている教職員を信頼し、保護者や地域など学校を取り巻くすべての人々の連帯感や一体感をいかに高めていけばいいのか——それこそが最高責任者の使命ではないだろうか。このときの体験を通して、そんな思いを新たにした瞬間であった。

娘が集中治療室から個室に移ったころのある朝、病室の窓を開けると爽やかな風が吹きこんできた。その風には、ほんのわずかだが潮の香りがした。

「この病院は湘南の海に近いんだね」と、意識がまだはっきりとしない娘に説明したあと、周りが見えなくなっている自分に気づいてしまった。

最前線で日々格闘する教職員を信頼し、少しでも元気にしたい。そういう思いで「ぼうず通信」を出してきた。それをまとめるにあたって、初回の冊子タイトルを「湘南の風」としたのは、たとえそれがささやかな風であったとしても、現場を応援する熱いエールの風を送りたい。また、これからの校長職のなかで、自分を見失うような事態に遭遇したとき、この体験を忘れないようにしたい——そういう思いからである。

泣ける学校（二〇〇九年度）

「あの先生は教員らしくない」

かつては、こう言われるのがほめ言葉だった。教員面して偉そうなことを言わない。本音で話をしてくれる。そういう子ども心や親心をくすぐる教員のことを、このように表現していた。教員は偉い。本当にそうかどうかは別として、世間ではそういうことにしておいたほうが家庭での教育はうまくいく、そんな時代背景であったころのことである。

でも、今は違う。「あの先生は教員らしくない」といった風評が立つと、教員として大丈夫なのかと、身分さえあやうくなってくる。建前と本音の使い分けが微妙という、難しい時代になってきたわけだ。世の中全般がそうだから、教育界でも建前をひたすら通しておればとりあえずは無難である。そうなってしまうのも、仕方のないことかもしれない。

しかし、建前だけでは人は育たない。なぜかと言えば、建前に触発されたり、感動したりする人はいないからだ。いまだに某ヨットスクールが健在なのは、壊れた家庭環境で八方ふさがりになった親子にとっては、暴力行為は肯定できないにしても、いかなるバッシングを受けようが変わらないという校長の本音と信念に「救いの光」を見るからではないだろうか。大人の自己保身よりも子どものことを優先する。あるべき教育の魂を垣間見るからであろう。

正直に心を打ち明ければ、私は大変な学校（いろいろな意味で）が大好きだ。かつて、問題ばかり起こすやんちゃな生徒を集めて、柔道の全国大会や関東大会に出場したときの汗と涙と感動が蘇ってくる。部活を強くする楽しさが、今は学校をよくする楽しさに変わっただけのような気がする。大変な学校であればあるほど、生徒と教員が本音でぶつかり、悔し涙やうれし涙を流せる「泣ける学校」となるからだ。

ぼっちゃん（二〇一〇年度）

生徒の姿を見て感動したことは何度もあるが、生徒の人数を見て感動したのはこのときが初めてだった。都立秋留台高校で四年目の春を迎え、始業式、入学式に続き、対面式で全校生徒が初めて顔をそろえた。そのときの生徒数、何と七〇〇名を超えていた。今の学級規模になって初めての人数だ。体育館いっぱいに整然と並ぶ生徒の姿を見て胸が熱くなった。

年度末に急きょ補正予算を組んで、机と椅子を買った。二年生と三年生の机と椅子が大幅に不足することが分かったからだ。考えてみれば、実に不思議なことだ。これまでは、学年が上がるに従って当然のように生徒数が減っていた。そのことに何の不合理も感じなかったのだ。不合理どころか、いつからかそれがこの学校では合理的である、という認識が定着していた。

問題行動が多発する学校では、「授業を妨害する生徒が辞めないと授業ができない」という言葉が飛び交うことは日常茶飯事だった。

「入学させた生徒が全員卒業できる学校」

当たり前とも言えることを目標に掲げ、新年度をスタートした。そして、「学校は生徒第一」という、これまた当たり前のことを言い続け、「学校が、生徒が、もっとこうならいいのに」と願いつつ、学校現場の本音を「ぼうず通信」に書き連ねてきた。

今、世の中はグローバルな市場原理で動いている。学校も例外ではない。行政主導のスピードある改革・改善が求められている。そのこと自体に口を挟む余地はないが、次から次へと天から降ってくるものに目を奪われていると、今、目の前にいる生徒の姿がぼんやりと霞んでくる。さらに、市場と学校の根本的な違いである「時間」という感覚も揺らいでくる。

できるかぎり時間の無駄を省いて瞬時に等価交換する――これが市場における理想である。一方、時間をかけて効果が認知される、一定の時間にさらされることで淘汰されたり付加価値が高まったりする――これが学校、すなわち教育の時間である。文化や伝統は教育の時間的価値の象徴だ。市場原理の猛スピードにさらされ、教育の時間軸が安易に揺らぐと、薄っぺらなものしか残らない。それが心配である。

中国の古典（宋の時代）に、苗の早い成長を願って、畑の苗を一本一本引っ張って歩いたら、苗がみんな枯れてしまったという逸話がある。能力を伸ばす意味の「助長」という言葉には、そんな戒めも込められている。それにしても、昔は「大器晩成」とか「無用の用」とか、自然や時空をおおらかに捉えた教育の言葉が息づいていたものだが……。

今回の試みは、教育の時間軸をどうのように捉えるのか、それにチャレンジしてみた。私自身を時間軸にさらして、教育の何がどのように変わったのか、そして何が大切なのか、それを現在と対比しながら構造的に模索しようとしたが、見事に失敗した。「ぼっちゃん」（第3章の教員人生を追想する私小説）がその秘密の仕掛けだったが、ただ笑えるだけの薄っぺらなものになってしまった。

言葉の力（二〇一一年度）

通い慣れた道の、大きなカーブを曲がった所にお寺がある。その掲示板には住職の手書きの言葉が貼られている。車を運転しながら、カーブを曲がる一瞬のタイミングで読むのだが、どういうわけか、それが頭に残ってしまう。

「口数は多いのに、言葉が足りない」

夏休みに腰の手術をして、動くのが億劫になり、いよいよ口数ばかりになっていたときだけにドキッとした。それにしても、家庭や学校で巻き起こる数々のトラブルの元凶は言葉にほかならない。改めて言葉の難しさを感じてしまった。

インターネットやメールなどで膨大な量の言葉が飛び交い、コントロール不能になるほど言葉が氾濫している昨今、まさに口数ばかりになって、心ある言葉が不足しているのではないだろうか。そんな不安がよぎってしまう。

学校で使われる言葉も、企業理念や効率を追う便利な横文字が多くなった。物事をシステマティックに捉え、制度を効率的に回し、目標をスピーディーに達成しようとする便利で乾いた言葉が氾濫し、その言葉をただ発するだけで、即効性や万能感を感じるようになっている。こうした錯覚に陥ると、知らぬ間にスローガンを掲げることが目的となってしまうのではないだろうか。それが心配だ。

学校には、学校に似合う言葉がある。人を育てる目的にふさわしい、まどろっこしいが温かみのある教育の言葉を大切にしたい。

今月の言葉を校門に掲示した。毎朝、その言葉の横で生徒に挨拶をした。生徒がその言葉を見て復唱したり、笑ったり、意味を尋ねてくる場合もあった。なかには、ケイタイで写真を撮っている生徒もいた。

年度末、担任との別れを惜しむ卒業生が、「出会いで学び、別れで育つ（標語に書いた言葉）だよね、先生」と言ったそうだ。標語を自分の思いで語る生徒がいる。それを聞いたとき、ほっと温かい気持ちになった。そして、言葉がもたらす生徒の成長を実感した。

当たり前の学校（二〇一二年度）

学校は生き物である――それを痛感した一年だった。やっと学校が落ち着いてきたと安心していたら、次から次へと問題行動が起こり、年間の特別指導生徒が一〇〇名を超え、その対応に追われた。

「よくなった」という校長の慢心が招いた結果である。そして年度末、卒業証書を手にして涙ぐむ卒業生やその保護者を見て、卒業生の数だけ幸せがある、そんな「当たり前」のことが改めて身にしみた。

この年の三月に卒業した生徒は過去最高の二二六名だった。定員二四〇名のエンカレッジスクールになってから一〇年になるが、その間の卒業生は平均して一九〇名だった。それ以前は、一五〇名に満たないこともしばしばあった。そんな状態が、この学校の「当たり前」であった。

昨年、初めて二二二名の大台に乗り、今年はさらにそれを上回った。ここ数年で、一クラス分となる三〇名も多く卒業生を送り出せるようになった。これが「当たり前」になればいい。

中学生の九八パーセントが高校生となる今、高校の「当たり前」が難しくなっている。いわゆる高等教育の適格者主義が宙に浮き（大学も同様）、高校生らしさの「当たり前」も微妙となっている。たとえば、女子の化粧やスカート丈もその一つ。基礎学力や学習に向かう姿勢も同じかもしれない。義務教育段階の「学び直し」を看板に掲げた高校の「当たり前」は、なお一層難しい。

何を「当たり前」とするかで、その集団の様相が大きく変わる。文化や宗教によって国や地域の人々の生活や人生が異なるように、家庭や学校の「当たり前」によって子どもの将来も大きく変わってくる。

入学させた生徒全員の進路を決めて卒業させる。高校の準義務教育化、それをこれからのエンカレッジスクールを含めた進路多様校の「当たり前」にしなければならない。

家庭の経済力と教育力が正比例で二極化している。「学び直し」を請け負う高校では、生徒が辞めずに学校とつながっていることが、少年犯罪やひきこもり、ニートを生み出さない社会のセーフティーネットとなり、それがまた国を支えることになる納税者の育成にもつながる。そのためには、まず学校の「当たり前」を柔軟に変えなくてはならない。言ってみれば、「当たり前」のパラダイムシフトだ。

一隅を照らす（二〇一三年度）

卒業生の大きな歌声が参列者の心を揺さぶった。まるで、彼らの感謝の響きのように感じられた。その歌声のなかに、担任が感涙（かんるい）にむせぶという美しい光景を見た。多くの問題を抱えた生徒たちを、最後の最後までとことん面倒見て、全員を卒業まで導いた学年団（学年を構成する担任の集まり）の、言葉にならない労苦に私も感謝の涙が止まらなかった。

卒業式の朝に謹慎を解除して、卒業式への参加を認めた生徒がいた。卒業式に参加できず、その日も自宅で課題をやっている生徒もいた。この学年は、二年生のときに退学した生徒が在校生を巻きこんでさまざまな問題を起こし、一〇〇名近くが特別指導になっていた。そして、退学者のなかには社会を震撼させる凶悪な犯罪を起こしてしまう生徒もいた。

学年団を牽引していた学年主任、副主任が異動でいなくなり、若い学年団は不安と迷いのなかで悪戦苦闘を強いられた。とくに三年の二学期以降、生徒の進路が決まってからは、気の抜けた状況のなかで遅刻、欠席、授業妨害などといった問題行動が頻発した。崩壊しかけたクラスを立て直そうと、学年団が結束して独自の卒業認定試験や生活指導のチェックを強化した。

それでも、状況はなかなか改善しなかった。

そのなかで、欠席数がオーバーして卒業規定にかかわる生徒が出てきた。他学年からは、三年学年団の指導の甘さや手順の悪さを非難する声が大きくなった。発達障害、統合失調症、うつ症状などといった精神面での変調をきたした生徒への対応は、これまでの学校の常識をはるかに超えるものだった。さらに、そういう生徒の保護者も同じように心の不調を抱えている場合が少なくなかった。

保護者の協力も得られない状況下での生徒指導は困難を極めた。それでも三学年団の「全員を卒業させる」という決意と結束は揺るがなかった。

ひとり親や外国籍の親の家庭の場合、精神的にも経済的にも厳しいという現実がある。また、精神の不調を抱えた生徒の進路は極めて険しい道のりが待っている。さらに、学校を辞めた生徒の末路にも心が痛む。これが、格差の広がる現代社会の一風景なのだ。

こうした現実を前にして、高校で何ができるのか。私には、「入学させた生徒全員の進路を決めて卒業させる」――このスローガン以外に思い浮かぶものがない。しかし、そのスローガンは、日々課題を抱える生徒の面倒を見る教員には重い十字架となる。

「どこまで面倒を見ればいいのか」、「なんでもありなのか」、そういう苦悶の声が至る所から漏れ聞こえてくる。

こうした苦闘のなかで、過去最高数の卒業生を社会に送り出すことができた。経済格差が進むなかで、学力格差が経済格差を固定化するという悪循環を生み出している。さらに、格差の底辺では凶悪犯罪への落とし穴がポカリと口を開けて待っている。

学力面でも生活面でも課題を抱えた生徒の小さな成長を粘り強く支えていくという本校の地道な取り組みが、少しでも「負の連鎖」の歯止めとなればと願っている。まずは、自分の足元を照らすことからはじめたい。教職員一人ひとりの一燈一燈に心より感謝したい。

あきるの風（二〇一四年度）

「我々は大地を吹き去る風のようなものだ」——ある校長の言葉である。多くの風が吹き去ったかと思うと、また新たな風が舞いこんでくる。風が吹いた痕跡は残らないが、風が運んできた種が実を結び、あたりの風景が大きく変わる。偏西風ではあるまいし、七年も同じ「校長風」が吹き荒れる学校があるというのも迷惑な話かもしれないが……。

昨年度もさまざまな風が吹き荒れた。問題行動を繰り返す生徒、その対応に追われる担任や学年団。連日、夜遅くまで生徒指導の会議が続いた。

「もうこれ以上面倒を見切れない」

「我々が倒れてしまう」

「真面目にやっている生徒に手が回らない」

異動や休職、なかには退職を相談に来る教員もいた。そんななか、ある担任が泣きながら校長室にやって来た。

「助けてください。彼は、この学校を卒業させなければダメです。それが私にはよく分かりました。お願いです。彼を辞めさせないでください」

その彼は、一年生のときから問題行動を繰り返し、三年生の最後の最後まで担任を泣かせた生徒である。この期に及んでまた問題を起こすのか、正直私の心も揺れた。これを許したらしめしがつかない。この学校は何をやっても卒業できる、と問題児たちがうそぶいている。風紀の乱れを不安がる周囲の声に潰されそうになりながら担任が、私に本心を伝えに来てくれたのだ。

針の筵（むしろ）でもがいている担任の言葉に勇気をもらった。最前線で闘っている担任を支える、それが校長の使命である。マニュアルや多数意見に左右されず、目の前の生徒を見て、生徒第一で対応できる、そういう教員を育てなければならない。そんな思いを新たにした。

校長の武器と言えば「言葉」しかない。そして、その言葉は風のように吹き去ってしまう。「ホラを吹く」という言葉があるが、校長が夢やビジョンを語るのは、ホラを吹くことに近いような気がする。自分の吹いたホラの痕跡を残す。それが「ぼうず通信」を書き続ける理由かもしれない。毎週一回の定期便をまとめてみると、その時々に吹いている風が感じられる。

一年間の自分の言葉を時系列に並べてみると、言葉をもっと構造的に仕掛ける必要性が見えてくる。たとえば、年度初めの始業式（二、三年生）、入学式（一年生）、対面式（一、二、三年生）。それぞれ対象となる学年が異なり、生徒の後ろで聞いている教員や保護者がいる。それぞれの式典で話した言葉が「ぼうず通信」やホームページの校長ブログへと流れ、それが学校経営計画や職員会議で日ごろ語っていることにつながっていく。その言葉のベクトルが整わないと、それこそ「ホラ」に聞こえてしまいそうだ。

私はルンバ（二〇一五年度）

人としては大好きだが、その下で働くのは辛い。死にそうになる。現場が疲れ切っている。仕事が均等に割り振られていない。頑張りすぎる若い教員たちが潰れてしまうのではないか、と不安だ。教員から見ても魅力的な学校にならないと頑張る人は集まらないし、出ていく人が多くなる。一年間ほとんど授業に出ないで単位を修得できるという状態は、一般的な都民の感覚からはずれたものだ。進級するための単位修得も、甘すぎる評価によって真面目な生徒の学習意欲を削いでいる。

これは、年度末にある教員からいただいた校長評価（私が考案した無記名の教職員からの私への評価。二四九〜二五〇ページ参照）の自由意見だ。自転車操業にあえぐブラック企業さながらの実態だ。企業も学校も、表向きはうまくいっているように見えるときほど危険なものだ。

昨年度は、卒業式のあとに、さらに二回の卒業式をやった。一回目は、いじめが原因で登校できなくなった生徒の卒業式。二回目は、欠席数がオーバーして補習を三月末までやった生徒たちの卒業式。そのために、不登校者のクラスを学年団が自助努力でつくってくれた。

年度をまたぎ、四月を迎えても補習の終わらない生徒が一人残っていた。これまで「怠惰」という言葉でひとくくりにされてきた生徒たち。そのなかには、親の離婚やＤＶ、虐待やネグレクト、家にいられず施設から通うという生徒もいる。こうした家庭の問題や発達障害などといったさまざまな課題を抱える生徒を、どこまで面倒を見るのか。一般的な高校の感覚からはずれている。「何でもあり」ではやりきれない。校長の掲げた「とことん面倒を見る」という看板が現場の悲鳴で揺らいでいる。

今にも死にそうな若者たち（生徒も教員も）がここにいる。ふと気づけば、逃げそびれて、行き場を失った校長（九年目）が学校のなかをグルグルと彷徨っている——私はルンバ。

元祖しくじり先生（二〇一六年度）

定年退職を前にしたある朝、新聞を読んで愕然とした。コラム欄に、詩人吉野弘さんのこんな作品が引用されていた。

最も鈍い者が
言葉の息遣いに最も鈍い者が
詩歌の道を朗らかに怖さ知らずで歩んできた
と思う日

人を教える難しさに最も鈍い者が
人を教える情熱に取り憑かれるのではあるまいか
人の暗がりに最も鈍い者が
人を救いたいと切望するのではあるまいか
それぞれの分野の核心に最も鈍い者が
それぞれの分野で生涯を賭けるのではあるまいか
言葉の道に行き昏れた者が
己にかかわりのない人々にまで
言いがかりをつける寒い日

（吉野弘『自然渋滞』花神社、一九八九年より）

これは、まさに自分のことではないか。教員時代は、学級通信「はりぼ〜ず」を毎朝朗らかに書いてきた。管理職になってからは、言質（げんち）をとられる怖さも知らずに「ぼうず通信」を毎週書いてきた。校長ブログに至っては、あまりの無防備な言葉の息遣いに、いつ炎上するのか、と各方面からご心配をいただいた。それでも定年というひと区切りをつけることができたのは、これまで出会ってきた生徒や教員、保護者や学校を取り巻く地域の方々に恵まれたからにほかならない。

ただただ、人に恵まれた、運がよかった――感謝しかない。

　毎朝、写経のあとに書く言葉がある。感謝、感動、共感、協働、共生、誠実、実行、使命、天命。毎朝書いているにもかかわらず、感謝の気持ちが実感できないのは、まさに鈍いことの証しである。還暦を過ぎてなお、人に教えるという情熱にとりつかれ、困った生徒を見れば救いたいと切望してしまう。同じ学校に一〇年も棲みついているもっとも鈍い校長、それが私、「元祖しくじり先生」である。

じじい語録（二〇一七年度）

　私の友人がメキシコを訪れたときの話だ。

　夕暮れ時、人影の途絶えた海岸を歩いていると、遠くのほうに誰かが立っているのに気がついた。近づいてみると、メキシコ人の男が何かを拾っては海に投げ入れていた。よく見ると、それはヒトデだった。男は、引き潮で波打ち際に取り残されてしまったヒトデを、一つ一つ拾上げては海に投げ入れていたのだ。どうしてそんなことをしているのだろうと不思議に思った友人は、男に話しかけた。

「やあ、こんばんは。さっきから気になっているんだけど、何をしているのか聞いてもいいかね？」

「ヒトデを海に返してやっているのさ。見ろよ、たくさんのヒトデが波で打ち上げられて、砂浜に取り残されてしまっているだろ。おれがこうやって海に投げてやらなかったら、このままひからびで死んじまうよ」

「そりゃあ、もっともな話だが、この海岸だけでも、何千というヒトデが打ち上げられているじゃないか。それを全部拾って海に帰してやるなんて、どう考えても無理な話じゃないかな？　それに世界中には、こんな海岸が何百もあるんだよ。君の気持ちは分かるけど、ほんの一握りのヒトデを助けたって、何にもならないと思うがなあ」

これを聞いた男は白い歯を見せてニッと笑うと、友人の言葉などおかまいなしに、またヒトデを拾い上げて、海に投げ入れた。

「いま海に帰っていったヒトデは心から喜んでいるさ」

そう言うと、また一つヒトデを拾い上げ、海に向かって投げ入れたのだった。

（戸田智弘『座右の寓話』ディスカヴァー・トゥエンティワン、二〇一七年所収、「百万分の一の命」一四一～一四二ページより）

最近出合ったこの寓話に、大いに勇気づけられた。

入学した生徒全員を卒業させて、国を支える納税者をつくる。そんな大それた目標を掲げて一〇年。いくら力んだところで、卒業生は毎年たかだか二〇〇人足らず、とても国を支える力にはならない。そんな無力感を感じていた折も折、これまで都立高校屈指の入試倍率がまさかの定員割れを起こした。

「とことん厳しく、とことん面倒見のよい学校」の看板が虚しく傾きかけたとき、この寓話と出合った。

年度末の三月三〇日に二度目の卒業式をやった。毎年恒例となっている、みんなと一緒に卒業できなかった五名の卒業式だ。それでもまだ、一名が年度を越えて今も課題をやっている。

この学校には、「とことん厳しく、とことん面倒見のよい学校」という看板を支えてくれる学年団や教員がいる。本校だから卒業できた生徒がいる。その生徒たちは、きっと喜んでいると確信している。この寓話に勇気をもらい、定員割れ全入の秋留台高校に新たな目標を掲げた。

入学したい生徒すべてを受け入れ、その生徒全員を卒業させて、国を支える納税者をつくる。

しょうがねーなー（二〇一八年度）

最近、お役所からの硬い文章を見ると、目が霞んで読めなくなる。年をとったせいなのか、それとも長年の宮勤めに辟易としてきたからなのか、それはよく分からない。ただ、世の中全体が正論の予定調和で埋め尽くされ、にっちもさっちもいかなくなっているような息苦しさを感じてしまう。だから、心を病んだり、突然切れたりする人が増えているのかもしれない。政治家もポロっと本音を出して、辞任するというはめになったりする。

樹木希林さんの本『一切なりゆき』（文春新書、二〇一八年）が平成最後のミリオンセラーになったのも偶然ではないだろう。

「すべてなりゆきまかせ」とか「私は一度ダメになった人が好きなの」などは、理屈抜きにほっと肩の荷が下りる。夫の内田裕也さんのことを、「あの人は、テメエはテメエ、俺は俺、なので人の悪口を言ったことがない。そこが好き」と言っていた。彼女の言葉は心の特効薬かもしれない。

とにかく、イヤな奴が正論を言うほど頭にくることはない。正論に文句のつけようもないが、世の中は正しいことばかりではない。白と黒で割り切れるほど単純ではないのだ。みんながグレーゾーンを生きている。だから、「しょうがねーなー」と笑ってすませることや、「だめだこりゃ」と諦めることも大切なような気がする。

ある精神科の医師に聞いた話だが、患者さんのなかには、世の中の不正が許せなくて心を病むといった人が少なくないようだ。たとえば、駐車禁止の場所に車が停めてあると、もうそれが許せなくてイライラしてくる。そのイライラが止まらなくなり、しまいにはその車を蹴って自分が捕まったりしてしまう。しょうがねーなー。

そんな訳で、秋留台高校最後の「ぼうず通信」のまとめのタイトルを「しょうがねーなー」にした。「懲役一一年」の刑は長くもあり、あっという間でもあった。こうして「ぼうず通信」を書き続けられたのも、職場のみなさま、あるいは私のことを面白がってくれたみなさまのおかげである。本当に楽しい一一年間であった。

今の本音を言えば、「ああ面白かった。秋留台にもっといたかったけれど、しょうがねーなー」だ。

よく来たね、待っていたよ（二〇一九年度）

年度をまたいでもコロナ終息の兆しが見えない。想定外のことが次から次へと起こるという、予測不能な事態が続く今日このごろ。改めて、当たり前に授業ができることがいかに恵まれたことなのか、それを実感した。

想定外と言えば、「懲役一一年」の都立秋留台高校から異動したことも想定外だった。再任用の定年まで「終身刑」だろうと思っていたが、突然恩赦となり、「執行猶予三年」で都立八王子拓真高校に来た。

秋留台では多様な生徒や教員がいて、毎日がワクワク、ドキドキの連続だったが、八王子拓真も多様性という点では負けていない。学び直しが必要な生徒もいるし、それなりに勉強ができる生徒もいる。外国にルーツのある生徒もいるし、還暦を過ぎた、私より年上の生徒もいる。発達障害のある生徒や不登校の生徒、メンタル面でサポートを必要とする生徒もいる。多様性という点では、秋留台高校よりも上ではないだろうか。

「インクルーシブデザイン」という言葉がある。少数派を巻きこむことで普遍的なデザインにする手法だ。多くの製品は開発者の想像力に依存しており、想定外のことに対しては脆弱だ。そこで、障害のある方や、車椅子の方、高齢者など、あえてその製品を使わない、使えない方の個人的な困り感に着目して、一般にも共通する課題や、専門家が見落としがちな視点に気づかせてもらうというのが基本的な考え方である。

ある特別支援学校の校長が、学校のユニバーサルデザインを推進するためには、障害や困り感のある子どもたちの生(なま)の声に耳を傾けることこそが一番重要だ、と言っていた。

果たして、定時制高校の授業が普遍的なデザインになっているのか。多くの授業が、一般的な高校生像に対する教員の固定観念に依存したままとなっているのではないだろうか。勉強の苦手な生徒、学習や学校生活に不安感のある生徒の、生の声が教員に届いていないのではないだろうか。日本語の分からない生徒が授業でフリーズしている姿を見ると、胸が痛んでしまう。

多様性を受け入れることは面倒くさいことかもしれないが、教える側の想像力を広げる絶好の機会でもある。八王子拓真高校の「最後の砦」を守る闘いの幕開けだ。この話の見出しは不登校の生徒に向けた私の応援メッセージであったが、生徒や教員から私への歓迎メッセージになるようにしたいものだ。「よく来たね。待っていたよ」と。

だいじょうぶだ（二〇二〇年度）

「だいじょうぶだ」は志村けんさん、「ダメだこりゃ」はいかりや長介さん、「これでいいのだ」は赤塚不二夫さん、「面白がることよ」は樹木希林さん、そして「しょうがねーなー」は私の口癖。こうした言葉は、人生の想定外や理不尽な厄難を乗り越える呪文かもしれない。

「しょうがねーなー」を繰り返し唱えれば、相手や自分を痛める暴発力が弱まる。「しょうがねーなー」の言葉には、どうしようもない状況を受け入れ、それを受け流す魔力が宿っている。緊急事態を乗り越える言霊（ことだま）かもしれない。

「バカヤロー」とか「許せねー」と言って激怒する人はいても、「しょうがねーなー」と言いながら本気で怒っている人を見たことがない。新型コロナの危機的状況も、「しょうがねーなー」の典型である。

つまり、コロナ禍は「ダメだこりゃ」であり、「しょうがねーなー」だ。そして、この状況を「面白がることよ」であり、なるようになれば「これでいいのだ」。そうすれば、「だいじょぶだ」と志村けんさんも天国で見守ってくれるのではないだろうか。

ある居酒屋の店主が、志村けんさんが亡くなった二〇二〇年三月二九日の翌日から「急に客足が減った」と言っていた。志村けんさんの新型コロナによる死は、私たちにさまざまな示唆を与えてくれたように思う。とくに、数々の追悼番組を見ながら、志村けんさんの喜劇王としての偉大さを感じるとともに、追悼なのに大爆笑している自分がいる。こんなときこそ笑いが必要なのだ、と志村けんさんが教えてくれているように思う。

そんな訳で、コロナ禍の「ぼうず通信」のまとめのタイトルを「だいじょうぶだ」にした。深刻なときほど、先が見えないときほど、笑いやユーモアが必要ではないだろうか。この「ぼうず通信」も、そんな思いで書き続けてきた。

「そんなこと書いて大丈夫かよ」といった声も聞こえてくる。コロナ禍の続く先行き不透明な世の中だが、今やるべきことは感染防止を徹底しながら、「だいじょうぶだ」と言ってとにかく笑うことではないだろうか。

ああ面白かった（二〇二一年度）

学校説明会の個別相談の席上、あるお母さんから、涙ながらにこんな相談を受けた。

「離婚して、一人で子育てをしています。私も精神に不調があって、子どもも発達障害が疑われています。小学校からずっと不登校のままです。親子二人で将来の話をしていると不安で、どんどん暗くなって、最後は『生きていても仕方がない』と言って二人で泣いています」

こんな思いを抱いている生徒や保護者が少なくない。学び直しや不登校を支援できる高校にしなければならない。それが、この一四年間の校長としての原動力だった。

ある日突然、学校に行けなくなり、勉強が遅れ、自分が劣っていると思うようになり、そして生きていても仕方がないと思うようになる。このような可能性は、どの児童生徒にも普通にあることだ。それを裏付けるように小中学生の不登校が一九万人を超えてしまった。さらに、コロナ禍がそれを後押ししている。

今の日本の子どもたちにとって、学力だけが自己肯定感を感じる唯一の指標となっている。そこで、学期初めに実施していた基礎学力診断テストをやめることにした。テストの得点力を測ることから授業をスタートするのをやめたのだ。

そのままでいい。その生徒のありのままを丸ごと認めて、一人ひとりの特性や可能性を伸ばしていく。そんな教育ができたらいいなーと思い続けてきた。

おかげさまで、「ぼうず通信」のまとめも一四冊を数えた。秋留台高校で一一年、八王子拓真高校で三年、一四年にわたる校長職の七転八倒の記録であり、高校教育の黙示録でもある。

校長職一四年、副校長職を含めて管理職として二一年間、大過なく（?）勤めることができたのも教職員のみなさま、生徒や保護者のみなさま、そして外部の支援者のみなさま、そして応援してくれたすべてのみなさまのおかげである。今の気持ちをひと言で表現すれば、「ああ面白かった。ああ運がよかった。みなさんありがとう」である。

追伸　第一ステージは教員、第二ステージは管理職、そして第三ステージは非常勤教員としての学校生活が四月からはじまる。やっぱり学校や生徒が大好きなんだ。この「ぼうず通信」も、アメブロ isobouzu で毎日続けることにする。興味のある方は、ＱＲコードからご覧いただきたい。

このような文章で終わると、「この本もここで終わりじゃないか」と思う人がいるかもしれないのでさらに追記しておこう。本章の冒頭で書いたように、まだまだ続く。話が前後するし、第3章で書いた内容と少しダブルところがあるかもしれないが、日々の様子をより詳しく書いていくのでご容赦願いたい。そして、楽しんでいただきたい。

折々の風をよむ

ここでは、進路多様校や課題集中校で吹き荒れる強風や逆風を、学校組織、学習指導、生徒指導、進路指導、特別支援教育、保護者の「風」に分類して紹介していきたい。学校の風見鶏がその風向きを読み、折々の「ぼうず通信」で警報や注意報を発令してきた。

閉塞感や疲弊感の漂う学校に「新風」を送りこむために発刊した「ぼうず通信」第一号（二〇〇八年四月一四日）には、教員としての「初心証明」をまず書くことにした。言ってみれば、学校現場の応援団長就任宣言である。

初心証明演説

閉塞感の漂う都立高校の先生たちを元気にしたい。それが、私の校長としての基本的なスタンスである。日々、生徒に対峙する先生に元気がなければ、そして、この学校で頑張ろうという気持ちがなければ、結局その「しわ寄せ」は生徒にいってしまう。これが、世に言われている課題集中校を二〇年近くにわたって歩いてきた私の結論である。

私が教員になった当時（昭和五〇年代）は暴走族が最盛期で、廊下をバイクが走ったり、退学した生徒が教室でシンナーを売買したりという大変な時代であった（六二ページ参照）。部活動も、教員がつきっきりでないとすぐに崩壊した。

問題行動と言えば、そのほとんどが暴力行為で、分かりやすいと言えば分かりやすい時代であった。初任当時は女子バレーボール部と柔道部の顧問をしていたが、部員が全員がやめてしまったり、部内のいじめ問題で、私自身が警察や教育委員会に訴えられたこともある。

ある晩、自宅に「今、三崎町（八王子）でイソムラを轢き殺した」というイタズラ電話がかかってきた。女房は青ざめ、警察に事故の確認をしたという。もちろん私は、何も知らずに三崎町（八王子市）の居酒屋で仲間と呑んでいた。

当時はこのようなことがしょっちゅうあったが、多くの教員は熱心に生徒の面倒を見ようとしていた。とはいえ、そのなかには、心を病んで休職する教員や、新規採用で半年も経たないうちに退職するという人もいた。

ある日、転入してきた教員が、「ここの生徒はいくら面倒を見ても、結局は裏切られるからやりがいがない」と言った。この言葉に、「心の中で感謝していても、それをうまく表現できない生徒だっているんだ」と反論した。大変だが、やりがいもある。何度約束しても裏切られる。しかし、また信じてしまう。そういう葛藤が澱（おり）のように蓄積し、教員として働く私のバックボーンとなった。

問題行動が多発する学校では、その件数が一定数を超えると、急激に教員の負担が増大する。経験のない人には理解できないだろう。モグラ叩きのように問題が次から次へと発生し、明日が見えない泥沼のような状況のなかで体調を崩す教員が増え、生徒の退学者数が増加していく。こうした「負のサイクル」を断ち切るためにも、先生たちを応援して元気づけることが何より重要であると考えている。

図4－1　職層ピラミッドで衰退した主体性・協働性・同僚性

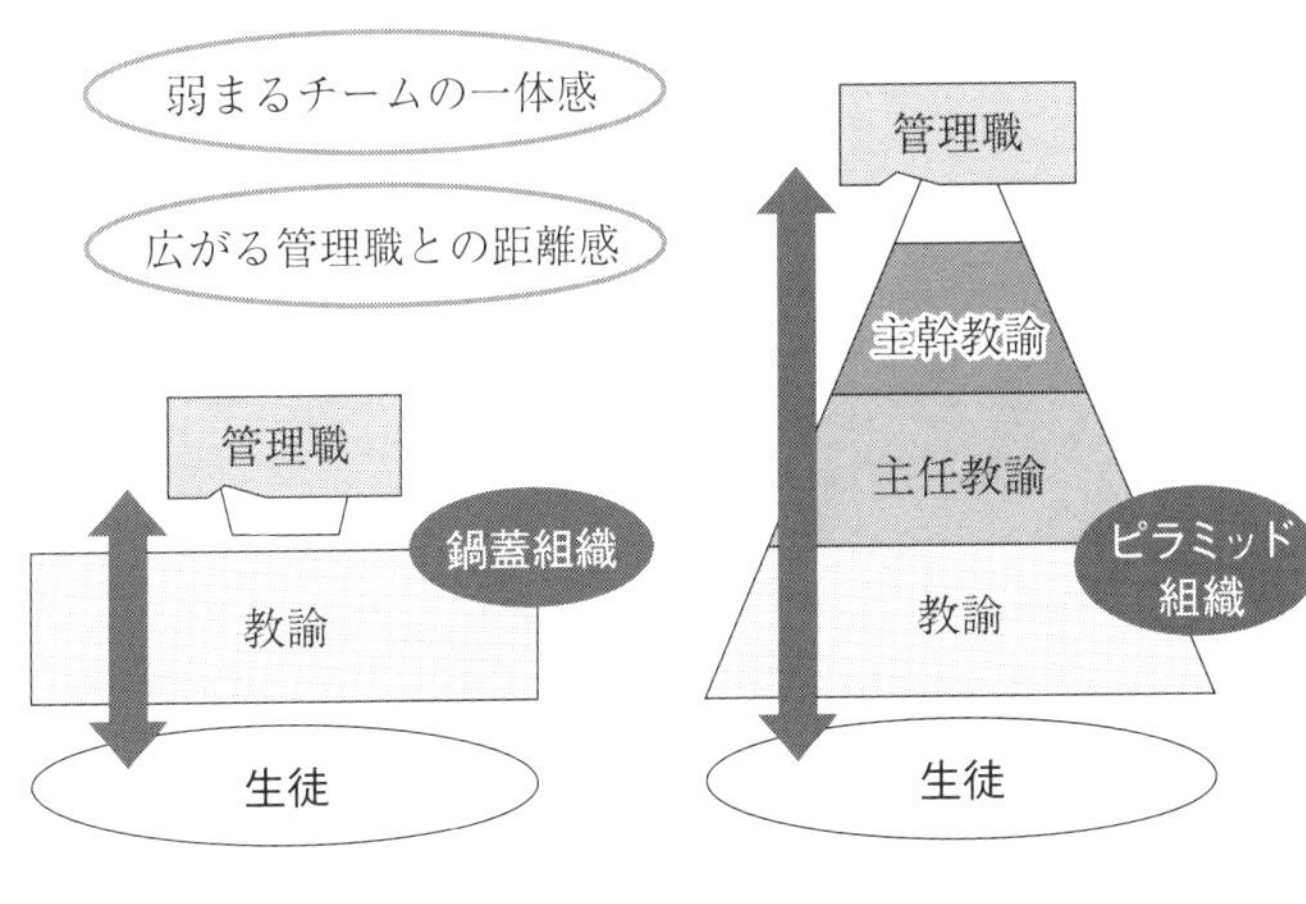

学校組織の風

校長のリーダーシップを支える制度が次々に導入され、学校も管理職と教員という二層の鍋蓋から上意下達（じょういかたつ）の職層ピラミッドが形成されるようになった。その結果、職層に分断された教員が自分の職域に引きこもることで隙間業務が宙に浮き、組織全体に隙間風が吹くようになった。

納得ある職場（二〇〇八年五月）

「学校は、教職員が元気でないとダメです」

ある先生が発言した言葉が心に刺さった。本校にかぎらず、今の高校は一様に閉塞感が漂っている。原因としてはさまざまなことが考えられるが、つまるところ、日々直接生徒と接している教職員の意見がボトムアップされていかないということだろう。

管理職の言っていることが上滑りして、学校の隅々まで浸透していかない。教職員一人ひとりの心に響いていかない。そうした職場の一体感のなさが主因である。

人間、何を言っても無駄と思った瞬間にやる気や意欲は減退していくものだ。もし、これだけ頑張っている職場に愛着や誇りをもてない状況があるとしたら、それは「大きな危機」と言わざるをえない。これまで駆け足で多くの課題集中校を経験してきた私から見ても、どの学校にも同様の多忙感と閉塞感が漂っていた。しかし、普段から教職員が自由に意見や考えを出しあえる「納得ある職場」には、希望や活力が蘇ってきた。

我々は、地方公務員としてそれぞれの職層で仕事をしている。職場に満足、不満足、あるいは仕事が楽しい、楽しくないといった主観はあっても当然だろう。しかし、その主観だけで職場状況を判断することはできない。また、単純に「仕事が減った」とか「楽になった」という観点とも違う。

納得ある職場とは、仕事をするうえで「その考え方ややり方には納得できない」という意見に対して、職場全体（管理職も教職員も）が正対し、問題点をつかみ、その問題点を一つ一つ解決していくというプロセスを経るところではないだろうか。全員が情報を共有する、発言できる、議論できるというプロセスがあれば、「満足」とはならなくても「納得感」は形成される。形式的な会議の場だけでなく、廊下での立ち話やアフター5の集いなど、職場内のオフサイトなミーティングがどんどん活発になることを期待している。

座敷牢とタコつぼ（二〇〇九年二月）

かつて、校長室は「座敷牢」と呼ばれたことがある。教員集団のまと・ま・りが強かったころ、校長は祭りのときに引かれる御神輿（おみこし）のような存在であり、祭りのとき以外は蔵にこもっている様子をたとえたものだ。今で言うところの「引きこもり」かもしれない。

変化の少ない時代では、校長が蚊帳の外となっていても、学校は前例を踏襲しながらそれなりに回っていた。ところが、社会の変化が激しくなってくると学校を取り巻く状況が大きく変わり、新たな課題に対応しようと、企業理念に基づく「校長のリーダーシップ」を支える制度が次々と導入されていった。いわゆる、ピラミッド型のトップダウン体制である。この結果、校長もただの御神輿ではすまない状況となった。

一方、企業では、これまでの欧米型の効率性や生産性を重視した企業理念に対してさまざまな課題が浮かびあがってきた。多くの企業では、職場がギスギスしはじめ、真面目に頑張る人から倒れていき、社員が自分の職域に引きこもるという「タコつぼ化」が進み出したのだ。

このような状況をふまえ、企業でも組織のあり方を見直す動きが見られるようになってきた。ひと言で言えば、「システムからヒトへ」の回帰である。「効率」という単純で数量的なモノサシから働く人の感情や思いなど、職場の人間関係やコミュニケーションのあり方をもう一度見直そうという動きである。

希望の自律的改革（二〇〇九年七月）

どこまで変えるのか。どこまで変えられるのか。すべて、現場の手中にある。これからはじまる学校改革は、教育委員会の要請や主導で行われるものではない。あくまでも、現場の総意で行われるものだ。

この自律的改革は、これから先のエンカレッジ教育を長く支える「現場の希望」につながるものでなくてはならない。真剣に「学び直し」を求める生徒の希望をかなえるために、そしてそれを応援する教員が、ともに希望のある職場をつくるためのものだ。長年にわたる懸案事項であった制度や枠組みをどこまで改革するのか、現場の英知を結集して、新しいステージとなる「エンカレッジスクール」のあるべき姿を具現化したい。

私の改革信条は、枠組みを変えた人間が責任をもって、新しい枠組みのなかで掲げた理念や希望を次の世代に伝えることである。変える人間とやる人間が別となっていては改革に魂はこもらない。変えるだけでは何一つよくならない――それが現場の鉄則である。

九月末には改革の概要を決定したい。日程的には厳しい状況だが、今後「つくし会」（将来構想委員会）が示す叩き台をもとにして、全職員から忌憚のない意見をいただきながら、職場の総意として改革案を集約したいと考えている。

学習指導の風

四則計算ができない、漢字やローマ字が読めない、書けない、高校の教科書が使えない――そんな生徒の授業レベルをどこまで下げるのか。高校で教える基礎基本とは何か。学習指導のあり方の根幹を揺るがす強風に、「学び直し」の看板が大きく揺れている。

学習か、訓練か（二〇一三年一月）

「学び直し」の目玉となっている「三〇分授業」(1)は、本当に「学び直し」に効果があるのだろうか。将来構想委員会が模索した「新三〇分授業」(2)の提案に、喧々諤々（けんけんがくがく）の議論の嵐が吹き荒れた。「子どものころ、泣きながら九九を練習してきた。単純なことを繰り返し、訓練することが大切です」

（1）二〇〇三年のエンカレッジスクール発足時からの特色で、通常は五〇分授業であるが、一学年のみ一、二時間目を三〇分に三分割して、生徒が集中しやすいようにした授業。

（2）全学年の一時間目を「一〇分間のホームルーム」と「二〇分間の基礎学習」にした学校オリジナルの三〇分授業。

「生徒にも高校生のプライドがある。単純な計算でも、すぐにできる生徒がいれば、固まってしまってできない生徒もいる。それを毎日三〇分間繰り返しやらせることに、果たして教育的な効果があるのだろうか？　また、その確信があるのだろうか」
「実生活には、読み、書き、そろばんが大切である。就職を目指すなら、漢字と計算は繰り返しやらせることが必要である」
「漢字の書き取りや簡単な計算問題などを自習させる単純作業を、毎日、生徒に集中してやらせることが本当にできると思っているのか」

新三〇分授業の白熱した議論を聞きながら、教育現場のあるべき姿を感じた。この議論の根底にあるのは、日々接している生徒の姿だ。いかなる発言からも、目の前の生徒の姿が浮かびあがってくる。

昨今の教育施策は、すべてが上意下達(じょういかたつ)だ。当然、それは国や都がやるわけだから、基本的には正しいことだと思っている。「平和」、「平等」、「ゆとり」と同じく、そのこと自体を否定する人はいないだろうが、それを具現化するには困難を極める。当然、「学び直し」も同じである。

これまで都が提示し、縛りをつけてきた「定期考査なし」、「三〇分授業」、「二人担任制」、「体験学習」などといった「学び直し」のコンセプトは、エンカレッジスクール発足当時の生徒層にはそれなりに意味や効果があった。しかし、今は社会状況や生徒層の変化に合わせて、それを柔軟に改善することが求められている。

その意味で、今回の「新三〇分授業」は、現場が主導する画期的な提案になる。我々現場が動かなければ、次年度も今までどおりの三〇分授業が継続するだけだ。今回の提案は、枠組みではなく、学びの中味を変えること、つまり「学習」から「訓練」へと、「学び直し」の根本的な発想転換に迫る議論が巻き起こっている。

こうした議論が自由にできる学校は、都内を見渡してもわずかであろう。どういう形で実施することになっても、この一歩を現場から踏み出す意義は大きい。必ず、行政側も本校の発想の転換に注目するだろう。

我々は、後ろ向きで未来に進んでいる――フランスの作家ポール・ヴァレリー（Ambroise Paul Toussaint Jules Valéry, 1871～1945）の言葉である。過去の歴史や出来事、自他の体験や経験をもとに、後ずさりしながら未来に向かって生きている。未来のことについては誰しも不安感を抱くわけだが、現場を支える誇りをもって、不退転の覚悟で次年度の「新三〇分授業」に突入したい。

（補足・二〇一四年四月から「新三〇分授業」ははじまっている。現場発の改革案に行政も理解を示し、エンカレッジスクールにおけるコンセプトの変更を初めて認めることになった。）

まず、コップを上向きに置く（二〇一五年四月）

教室の前には余計なものを一切置かない。机や椅子は常に整然と配置して、いつも決められた場所に座らせる。障害の有無にかかわらず、集中力は周辺視野（漠然と目に入るもの）の情報に大きく左右されることは分かっている。

次に、見通しのある授業を展開する。見通しをもたせるポイントは、学習内容を視覚化して示すこと。具体的にはビジュアルな教材を使うといったことが含まれるが、それ以前に、学習の手順や配当時間など、授業の枠組みを板書やプリントの流れ図などで分かりやすく示し、それに従ってゆとりをもって授業を展開する。

それから、事前の注意喚起。生徒が集中するまで話を進めない。説明する前に、必ず一度集中させる。常に、生徒状況を確認しながら授業を進める。そのためにも、授業の展開をできるだけスモールステップで刻むことが大切となる。

以上は、某特別支援学校の高等部の授業を見学した際、担当の教員が授業のユニバーサルデザイン化の工夫として示したものである。

その授業を見て、目から鱗が落ちた。それは障害の有無にかかわらず、誰が受けても分かりや

図4－2　「学び直し」授業の構造図

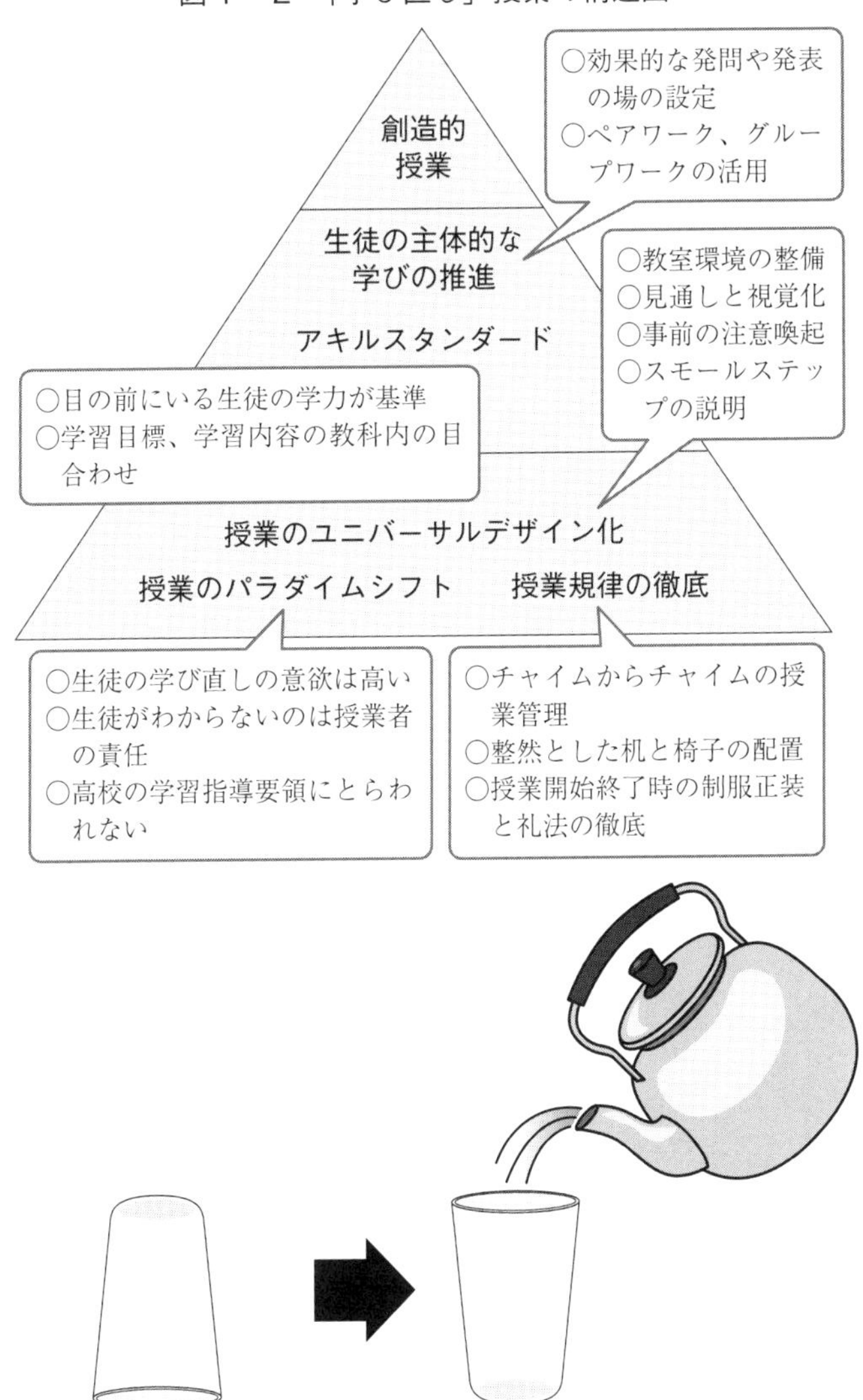

まず、下向きのコップを上向きにする　次に、集中させて丁寧に水を注ぐ

すい授業にするための普遍的なノウハウであると感じたからだ。

いかなる学力レベルであっても「分かる授業」を推進することに異論はない。その場合、生徒の実態に応じて、興味・関心を高める学習内容や指導法といった工夫が求められる。しかし、それ以前の授業環境の整備という視点が、高校では意外と疎かにされているという事実を実感した。というのも、これまで高校では、基礎学力や学ぶ姿勢があることを前提として授業を考えてきたからだ。

しかし、進学校を除く多くの高校では、基礎学力や学ぶ姿勢をつけるところからはじめなければならないという実態がある。そのとき、一番重要となるのが授業環境の整備である。興味・関心の以前に授業のフレームを整える。コップに水を注ぐためには、まずはコップを上向きに置くことが大切となる。

歩くルーブリック（二〇一七年一一月）

先生がはるか彼方を指さし、あそこを目指して「走れ」と指示する。生徒は一斉にその方向に走ろうとはするが、今ひとつ方向や走り方が定まらず、意欲をもって走る生徒は少ない。

そこで、先生は考える。ゴールに目印（学習の目標や目当て）を立て、走るコースにライン（授業規律）を引き、そこから「はみ出さないようにして走る」といった指示をする。さらに、どうすればうまく走れるか、走り方のポイント（学び方）を教えて、走ったあとを振り返る（学習の振り返り）ように、と指示する。

次に、先生は考える。どのような走る姿（学ぶ姿）が好ましいのか、ＡＢＣの評価表（ルーブリック）[(3)]を走る前に渡し、走ったあとに自己評価をさせる。これで生徒の走る方向や走り方は定まるが、それでも止まったり、蛇行している生徒がいる。そこで止まったまま動けない生徒やコースを無視する生徒を抜き出して、特別コース（通級・特別指導）を用意する。

さらに、先生は考える。ただ一斉に走るだけではなく、リレーや駅伝のように仲間の力を借りてみてはどうだろうか、と。そこでグループをつくり、バトンを渡し、仲間と一緒にゴールを目指す（グループワーク）ように、と指示をする。グループごとにバトンの渡し方、走る順番を工夫させれば、多くの生徒が主体的に走るようになる。ただ、グループごとの取り組みに差が出てしまうところが気になる。

そこで、先生は考える。生徒の走力や特性を考慮し、グループのメンバー構成を工夫する。さらに、仲間にアドバイスできなければ「Ｃ」、仲間の改善点を指摘できたら「Ｂ」、自分の工夫したことを仲間に教えられたら「Ａ」など、グループワークの評価表（ルーブリック）を生徒に渡

（3）（Rubric）授業のパフォーマンス（行動や取り組み）を評価するための評価基準のこと。

し、グループ内で相互の取り組みを振り返ってもらう（グループの自己評価、相互評価）ように、と指示をする。

これが「学び直し」における授業改善のストーリーである。これには、アクティブラーニングやユニバーサルデザインの発想が含まれている。ちなみに、このストーリーが目指しているのは、早くゴールにたどり着くことではない。生徒が知識や能力を相互に補いながら、仲間とともにゴールを目指すためのノウハウを身につけることである。要するに、協働の体験を積みながら、自己肯定感とともにアウトプットの力を育むことである。これが、新学習指導要領の根幹である「主体的・協働的で深い学び」につながる。

すでに、このストーリーに基づいて授業を実践している教員がいる。その授業では、生徒が生き生きとしている。どんな姿勢で授業を受けたらよいのかと、あるべき学ぶ姿勢を分かりやすく生徒に伝える。すべての教員が「歩くルーブリック」になることを期待している。

もっと分かりやすく、もっと身近に（二〇二一年一一月）

「英単語にフリガナを振る、英語の長文を日本語に訳したものを先に読ませてから授業に入る、これは英語の教え方として邪道でしょうか？」

「うちの生徒に英語を教えることにどんな意味があるのでしょうか？」
「どうやって教えるのがいいのか悩んでいます。アクティビティーがゲームだけでいいのでしょうか？」

英語の先生たちが「学び直し」の英語に頭を抱えている。

大学受験や定期考査のために授業をやるのはそれほど難しいことではないだろう。出題される範囲の内容を期限までに教え、その内容がどれだけ定着し、テストで再生できるのか、それを客観的な点数で評価すればいいだけだから。

ところが、「学び直し」の授業を求めている生徒は定量的な内容を期限までに学ぶスピードについていけないし、学んだことが定着しない。その結果、テストで点数がとれない――そんな悪循環に陥っている。

一〇年以上「学び直し」の高校にいて分かったことは、口には出さずとも、テストの点数や評価に対して、我々が想像する以上に大きなコンプレックスを生徒が抱えており、自己肯定感をもてずにいるということだ。だから遅刻や欠席が増えて、不登校になる。

我々教員は、勉強に関して言えば「勝ち組」である。なぜ勉強ができないのか、勉強をやろうとしないのか、その理由を「努力不足」や「怠惰」と考えてしまうことが多いわけだが、「学び直し」の学校で私が学んだもう一つのことは、生徒は分かることはやる、できることには取り組む、そして、自分のこと、身近なことほど真剣に取り組むという事実である。

本校では、自己肯定感を育む授業が不可欠だ。授業改善プロジェクトチームがモデル授業の見学会を計画している。相互の授業見学で「学び直し」の授業を推進していきたい。

生徒指導の風

生徒指導は、「学び直し」の学校における生命線となる。

度重なる生徒の問題行動が理由で、臨時の職員会議が開かれた。生徒の進退を問う議論の嵐が吹き荒れる。校内規定に基づく「退学」を迫る意見と、学年団が発する「生徒にもう一度チャンスを」という意見が激しく衝突する。


教育現場に吹く風は、南風がいいのか？　北風がいいのか？


二〇二二年一二月、文部科学省は一二年ぶりに生徒指導提要が改訂されることを公表した。その背景には、ブラック校則の見直しがある。改訂のポイントとして、心理的生徒理解の推進と子どもの権利を守ることが強調されている。

生徒指導も、時代や社会の変化とともに柔軟に変わる必要がある。時代の風を読むことが学校の危機管理につながる。

柔軟な基準の見直し（二〇〇九年三月）

臨時の職員会議は、教育の最前線、戦場となる――そんな緊張感と責任感を強く感じた。生徒の一生を左右する進路変更（退学か転学を迫る）は、ほかの生徒が安全で安心して学べる場が著しく脅かされる場合か、その生徒にこれ以上指導の余地がなく、我々教員集団による指導の限界を超えた場合の二つしかない。

「あまりにもカウント（問題を起こした回数を進路変更の根拠とする仕組み）にとらわれすぎているのではないか」と訴えた教員の言葉の重さを痛感した。

ここは教育の場であり、その事象が起こる背景にはどのような経緯があり、それに対して、学校としてどのような対応や指導をしてきたのか。それなしに、適切な指導内容などとても判断できない。我々教員側の対応や指導の経緯が不明確ななかで、事象だけを理由に生徒の進退を問うことの危（あや）うさを切々と訴える言葉に教員の矜持（きょうじ）を感じた。

さらに、「我々がもっとしっかりすれば救える生徒がいるのではないか」と熱く語る教員の言葉に目頭が熱くなった。こうした秋留台高校を愛する教員の熱いメッセージは、次年度以降にしっかりと引き継がれなければならない。そんな決意を新たにした瞬間である。

これらの貴重な意見は、本来校長の立場である私が全員に訴えるべきことである。それを、最前線に立つ教員たちが同僚に向かって熱く語りあえる職場であることに、私は「誇り」と「希望」を感じた。

「秋留台はおかしい」

「生徒を守ろうとする意見が一つも出ないのはおかしい」

このように訴える教員の言葉の裏には、現場の教員集団が互いに切磋琢磨する雰囲気や、最前線で日々格闘している教員としての矜持(きょうじ)を失ってはいけないといった、熱いメッセージが込められている。

カウント制と安全ネット（二〇〇九年三月）

課題集中校の多くが、基準は違えども生徒指導を効果的に行ううえでカウント制を取り入れている。問題行動が多発する学校では、丁寧に事象の背景を探る間もなく、次から次へと起こる問題に対応するために、事象と回数（カウント）をもとにして、機械的に自宅謹慎などといった特別指導案を決定せざるをえないからだ。それでも問題行動の対応に追われ、担任や生徒指導の担当者は疲労困憊し、問題を起こさない真面目な生徒が置き去りとなる。

そういう学校では、次第にシビアにカウントで切る（退学させる）ことが、学びの場を守る生命線と考えられるようになる。さらに、そのような学校では、「三回でアウト」といった、分かりやすい基準をつくることが問題行動の抑止につながるという考え方が主流となってくる。カウントを崩すと問題行動が増加するという懸念から、カウント至上主義という考え方がますます定着してしまう。秋留台高校も例外ではなかった（二四ページ参照）。

しかし、こうした学校には「安全ネット」があり、起こった事象のさまざまな背景をもっともよく知る担任や学年団が特別指導に乗せず、穏便に処理するという教育的配慮もあった。また、職員会議の場に上っても、担任や学年団の情状酌量の訴えによって機械的な判断に幅が出てくることもあった。

このように、課題集中校の特別指導は、カウント制と安全ネットという微妙なバランスの上に成り立っている。

層をなした予防指導（二〇〇九年三月）

「層をなした予防指導」、聞き慣れない言葉かもしれない。つまり、担任、学年、生徒部、管理職が層をなし、一体となって指導するという意味だ。では、なぜこれが必要なのかというと、学校を取り巻く社会変化への対応である。

昔は、生徒の問題行動に対して、保護者は学校（主に担任）と同じ立ち位置（厳しく指導することが我が子のためになる）となり、学校の指導に多少の不備はあっても文句を言うことなく協力してくれた。しかし、今は違う。

「たしかに、うちの子も悪い。でも、学校の対応にも問題がある。管理職は教員（担任）をどのように指導しているのか！」といった、逆切れ的な苦情が増えてきた。生徒のやった問題行動は棚に上げ、学校（担任）の対応や手続きのみに焦点化されてしまう。一方、学校と親のトラブルの狭間に置かれた生徒は、当然のごとく自分のやったことを反省しない。これが今の訴訟社会、「言ったもの勝ち」というクレーム社会の現状である。

このような構図のなかでは、経験と自信のある教員（担任）ほど自分で問題を抱えこみ、行き詰まってしまう。さらに、追い打ちをかけるように、問題を抱えて悩んでいる教員（担任）を呼び出し、職務として管理職は、「今まで生徒にどのような指導してきたのか！」と厳しく問い詰める。こうして、学校内の身内からも責められることになる。こんな状況では、教員一人ひとりが毅然とした指導をすることはできない。

こうした社会状況や保護者の変化のなかにおける唯一の対抗策が、「層を成した予防指導」を徹底することである。問題が起こる前に小さな指導を積み重ねておく。生徒の問題行動を抑止し、最前線で日々生徒と接する担任を守り、学校側の毅然とした対応を維持するためには、この方法以外にない。

具体的には、遅刻や欠席が多い、服装が乱れている、掃除をさぼる、授業中に騒いで言うことを聞かない、特別指導にはならないが担任の指導に従わない、学校のルールを守らないなど、担任の手に余る生徒に対して、それを見過ごさずに一定の手続きを踏んだ指導を形が残る状態で取り入れる。

担任と生徒間だけで積みあげられた指導は、言った、言わないも含めて、保護者の心情に訴えたり、法的効力の面から言えば説得力に乏しい。ポイントとなるのは、保護者に対して、学年主任、生徒部主任、管理職など、担任以外の第三者を含めた指導の場を段階的に踏んでおくことである。

私の経験から言えば、担任の指導に従わない、手に余る生徒というのは、いずれは問題行動を起こしたり、クラスの雰囲気を乱したりする。日ごろから何とかしたいと思っているが、ままならない。そんな忸怩（じくじ）たる思いを抱えている場合が多い。そういう生徒に確実に指導が入るようになると、クラスのトラブルや問題行動の発生が激減する。また、そういう生徒が万が一問題を起こしたときも、特別指導に入る前の指導実績が有効な資料となる。

そして、何よりも、そういう生徒にとっては、問題やトラブルを起こす前に予防的な指導がしっかり入ることで自分のあり方を見直すよい機会となる。

生徒指導の大原則は、生徒の問題に気がついたとき、その場にいる教員が見逃すことなく必ず声をかける、これに尽きるだろう。

一に生活指導、二に生活指導、三、四がなくて五に生活指導（二〇一二年一〇月）

　進路多様校では、生活指導の徹底がもっとも素朴な基本原則となる(4)。とくに、専門高校をはじめとして、秋留台高校のように卒業生の半数以上が就職を希望する学校では、服装、頭髪、挨拶、受け答えの態度などといった外見面における姿がどうなっているのか、それが学校の存在意義を左右する生命線となる。

　学校は勉強を教えるところである。そのとおりだが、生活指導が徹底できない学校では勉強を教えることができない。これが、三〇年以上も進路多様校に在籍した私の結論である。

　進路多様校には、勉強の苦手な生徒が集まってくる。できれば勉強はしたくない、試験もなければいい。あるいは、勉強が大切なことは分かっていても仕方が分からない、根気強く続けることができない、といった生徒がほとんどである。

　このような生徒が好き勝手に茶髪や乱れた服装で登校し、クラスに集まってくれば、「さあ、勉強しよう」という雰囲気には絶対にならない。教育評論家は、よく教員の授業力の問題を指摘して、「生徒の興味・関心を引き出す授業ができれば、乱れた服装の生徒も目を輝かせて授業に引きこむことができる」と言うが、それは現場を知らない人の幻想でしかない。それに、教育評論家が言うような「カリスマ教員」を現場で見たためしがない。

遅刻や服装などの日常的な生活指導の徹底なしに、個々の授業規律の徹底はできない。授業規律の徹底なしに、生徒の興味・関心を引き出すことも、教員の授業力の向上も望めない。これが原理原則であり、この逆の流れはない。

これまで、生活指導が乱れて学校崩壊の危機に瀕した学校を何校も経験したが、どの学校においても共通する現象があった。それは、教員が疲弊して意欲を失っているという現実である。その最大の原因は、学校全体の生活指導が崩れて、生徒と教員が一番多くの時間を過ごす授業が崩壊するからである。

せっかく工夫を凝らした授業準備をしても、まったく授業を聞かない生徒を相手にしていると次第に意欲が失せていく。不毛な授業の繰り返しのなかで、生徒はますます学習意欲を失い、学校へ通う意味を失っていく。一方、教員は、自信を失い、体調を崩し、別の学校への異動を希望するようになる。これが学校崩壊のサイクルである。このサイクルを変える方法はシンプルなものだ。職場の全教職員（事務職員も含めて）が、この原理原則に従って、小さなことでも手を抜かずに生徒を厳しく、手厚く指導する。ただ、それだけである。

（4）　生活指導の規則については説明されているが、なぜその規則があるのかという理由については詳しく伝えていないというのが現状である。社会変化に伴ってブラック校則などの是正が求められるようになって、生活指導の規則や指導のあり方の説明責任が現在求められるようになっている。

服装の小さな乱れ、靴の踏み潰し、日々の遅刻など、ごく小さなことを大切にして全員で見逃さずに指導を徹底する。事務職員も同様で、事務室の窓口が社会一般の公共の窓口であることを生徒に伝えて、窓口での言葉遣いや態度も折に触れて指導することが大切である。それが、本丸の授業を守ることにつながる。その共通理解と実践、ただそれだけだ。

学校を根底で支えるものはＰＤＣＡ（Plan・計画、Do・実行、Check・評価、Action・改善）でもＯＪＴ（On the Job Training）でもない。生活指導の徹底、この原理原則を全員で貫く、教職員の矜持、現場のプライドだけである。

水際を制する（二〇一二年一〇月）

生活指導を徹底するためのポイントは二つある。

一つは教員の危機意識だ。このままでは本丸の授業が崩壊する、学校の存在意義がなくなる、そういう危機感をもつ教員がどれだけいるのか、ということだ。二つ目は機動力。さまざまな状況に対してどれだけ迅速に対応できるか、小さな緩みやほころびを誰かが感知したら、すぐにそれを立て直し、起動できる体制にあるのかどうか、ということだ。

課題となる「雪だるま」は転がり続けるとどんどん大きくなり、誰も止められなくなる。かつての名門校が生活規律の乱れで衰退するという過程は、この巨大な雪だるま現象だと言える。沈みゆくタイタニックの会議室において、座礁した責任追及と、どの命令系統で何をやるのかといった手続き論を延々と続けているようなものである。

秋留台高校の強みは、小さな緩みやほころびを感知するセンサーが敏感なことと、そのセンサーの反応を受け、すぐに行動するといった機動力だ。頻繁に行われる学年集会がその象徴である。それは、これまで本校に在籍した教員の熱い思い（アキルスピリッツ）があるからこそだ。

緩みとかほころびというのは、生徒のことではない。我々教職員の姿勢のことである。入学時から一貫して指導してきたことが緩んでくる。学校や学年で決めた指導体制にほころびが生じてくる。大人の理屈はさまざまあるかもしれないが、生徒がそれをどのように感じるのか。今までダメだったものが許される、見過ごされる、するとほかのことも許されるだろう、スルーできるだろう、と思うのが自然である。

踵（かかと）の踏み潰しが許されれば、ガムの吐き捨ても見過ごされる。上着を着ないことが許されれば次第にズボンが下がり、スカートも短くなっていく。生活指導の要諦は、常に次の一手を打ち続けることだ。現状維持は一番苦しい作業だ。これ以上崩さないということに喜びや達成感を見いだすことが難しいからである。スカートの次はリボンやネクタイ、その次はセーターというように、最前線でしのぎを削れば、その後陣は難なく維持できる。休まずペダルを踏み続けることが何よりの安定走行につながる。自転車と同じ理屈である。

生徒は「水」のような存在だ。我々が緩めばあふれ出し、ほころべば漏れ出し、低いほうへ低いほうへと安きに流れていく。水は、どのような流れにも、形にもなる可能性があり、その振る舞いは原理原則に従って極めて自然なものだ。あふれたり、漏れたり、淀んだりするにはちゃんと理由があるのだ。

それは、水際にある我々教員の姿勢と表裏一体である。水際の壁に亀裂や凸凹がないこと、それが何よりも、効率的で効果的な水を導く器の条件となる。

七縦七禽（しちちょうしちきん）（七度捕らえ、七度許す）（二〇一三年一〇月）

私が密かに大切にしている生徒指導の指針、それが「七縦七禽」である。諸葛亮孔明（一八一～二三四）の南蛮に対する軍略である。孟獲（もうかく）（生没不詳）に扇動された南蛮の叛乱を鎮めようとした際、一度勝利してもすぐに叛乱が予想されたので、叛乱の首領の孟獲を捕らえては解放し、捕らえては解放しを何度も繰り返した。これが七度に至ったとき、孟獲は力の差を悟って服従を誓ったと言われている。

「遅刻や欠席が多い。授業中に寝ている。行事や部活をさぼる。問題行動を起こす。何度指導しても改善しない。そういう生徒をどうしますか？」

校内研修における講師の問いかけが印象に残った。なぜなら、日々の格闘で苦悶する担任の思いを代弁する、教育現場における本音の叫びであるからだ。

指導しても、指導しても、また遅刻や欠席をする。授業中に寝る。行事や部活をさぼる。問題行動を繰り返す。そういう生徒を、どのようにして卒業まで引っ張っていくのか。

「規則を守れなければ学校を辞めたほうがいい」、こういうシビアな言葉の裏側にある「本気で変わって欲しい」という担任の思いは果たして伝わるのだろうか。そして、本当に生徒は変われるのだろうか、それに対する明確な答えはどこにもない。

孔明の有名な逸話に、「泣いて馬謖を斬る」というものがある。蜀の武将である馬謖（一九〇〜二二八）が「街亭の戦い」（二二八年）において諸葛亮の指示に背いて敗戦を招き、その責任をとって処刑される。愛弟子である馬謖の処刑に踏み切るにあたって、諸葛亮は涙を流したと言われている。のちに、「馬謖ほどの有能な将をなぜ」と彼を惜しむ意見に対して諸葛亮は、「軍律の遵守が最優先」と、再び涙を流しながら答えたと伝わっている。

七縦七禽か、泣いて馬謖を斬るか、孔明の逸話のなかに、まったく正反対の考え方がある。「生徒を辞めさせずにとことん面倒を見る」というメッセージのなかに、この二つの逸話は葛藤を伴って交錯する。そして、対象の人格や成長の度合によって、それは使い分けるべきものではないか、と私は解釈している。

中学生の九八パーセントが高校に進学して、インクルーシブ教育（共生社会に向けた特別支援教育）の普及が求められる高校、とくに課題集中校では、規則を盾にした制圧や排除ではなく、規則を堅固な枠として、そこからこぼれた生徒を取りこむ。共生という視点から、七縦七禽の考え方をより色濃くする必要性を感じている。

進路指導の風

生活指導と進路指導は表裏一体である。生活指導の延長線上に進路が開ける。大空を吹き抜ける風の向きは気ままに変わるが、大地を流れる水は高いほうから低いほうへと安定して流れる。三年間の進路指導を水の流れにたとえれば、頑強な水路を造り、所々に堰を設けて水の流れを方向づけることが重要となる。

緩めれば漏れる（二〇一二年一〇月）

板を斜めにして水を流す場面を想像してみる。板の下には、流れてくる水を受けるためのお盆が置いてある。流した水をできるだけ多くお盆に集めるためにはどうすればよいだろうか。生活指導と進路指導は物理の問題に似ている。

答えは、板の両端に壁を立てることとなる。それを「ガイド壁」と呼んでもいいだろう。覆水盆に返らずだから、その壁はできるだけ高く、しっかりしているほうが漏らさずに水を集めることができる。ちょうど、流しそうめんの竹の樋のようにすることだ。お盆の水量を卒業生数、水を集める多様なお盆を進路先と置き換えて考えるとどうなるだろうか。

まずは、水の流れる板の上にガイド壁をしっかりとつくること、つまり生活指導を徹底することが何よりも重要となる。ガイド壁が低すぎると水はこぼれ出し、ガイド壁が弱いと水の勢いに押されて決壊してしまう。

次に、板の長さを三年間の学校生活、出口のお盆を進路先と考えてみる。やっかいなのは、進路多様校の場合、出口のお盆が一つでないことだ。お盆がいくつにも分かれているため、目指すお盆にうまく水を注ぐことが至難の業となる。学年が進むと水の勢いも増してくるから、さらにコントロールが難しくなる。

多くの進路多様校では、自分の進むべき道筋があいまいなまま、何となく三年間を過ごし、出口に辿りついたときにいきなり複数の進路選択を迫られる。進路に対する目的意識が不明確ななかで生活習慣が乱れ、学習習慣も定着しない。こうした悪循環に陥り、退学者や進路未定者を多数生み出すという現状となっている。まったりと淀んだ流れの先に、ある日突然、大きな滝が口を開けて待っている。映画の一シーンみたいだが、実際そんなイメージである。

基本的には、水はどの方向にも流れる可能性を秘めている。ただし、高いほうから低いほうへ、壁があればそれに沿って流れる。そして、何よりもその器の形に従う。言うまでもないだろう、これが原理原則である。

そこで、水の流れを方向づけるために、板の表面に分岐壁をつくって、目指すお盆に向かって流れを少しずつ変えていかなければならない。その分岐壁が、できるだけ多くあるほうが水の流れはよりスムーズになる。出口の直前でいきなり分岐壁を設けてしまうと、水の勢いをコントロールできずにあふれてしまい、お盆に入らない水が多くなってしまう。

生活規律と授業規律が、基本となる三年間のガイド壁である。そして、一年生のときから出口を見据えた基礎学力を高める学習指導と系統的な進路指導が、流れの途中にある分岐壁となる。この壁が少しでも緩むと、方向を見失った水が次々と漏れ出してしまう。

特別支援教育の風

静かに革命が起ころうとしている。障害者の差別解消法が施行され、障害者に対する「合理的配慮」が学校にも義務づけられた。これまでの学校文化だった「公平」（二人以上の生徒に偏った配慮をしない）から「公正」（一人であっても複数であっても個別に適切な配慮をする）への転換は、高校では「革命」とも呼べる出来事になるだろう。いよいよ「合理的配慮」の風が吹きはじめる。

ユニバーサルデザインの授業（二〇一三年三月）

特別支援学校の授業を見て強く感じるのは、高校の教員が見ても分かりやすいということだ。障害の有無にかかわらず、誰が見ても、聞いても、分かりやすいように授業が計画的に構造化されているからだ。

「ユニバーサルデザイン」という言葉をよく耳にする。年齢や性別、障害の有無にかかわらず、誰にでも優しい仕様にすることを意味している。この考え方の最大のポイントは、誰にでも優しい（易しい）という視点である。

どの学力レベルでも、「分かる授業」に異論を唱える人はいないだろう。生徒の実態に応じて分かりやすい学習内容や指導法を工夫することが求められるわけだが、実はそこには落とし穴もある。個別の補習でないかぎり、すべての生徒の実態に応じるのは不可能であるからだ。どこかに焦点を絞れば、ある生徒には合っていても、別の生徒には合わなくなる。そこで、対象に関係なく、誰にでも分かりやすいという視点が重要になってくる。

授業をユニバーサルデザイン化するには、二つのポイントがある。一つは授業環境を構造的に整備すること、もう一つは生徒の主体的な学びの形を整備することである。いずれにしても、授業のユニバーサルデザイン化は個人ではなく、学校全体の共通理解のもとに、授業者全員で組織的に取り組まなければ効果を発揮することはない。

とくに、授業環境の整備が重要となる。まずは、教室環境の整備。整然とした机や椅子の配置、床や黒板の清掃、必要最低限の掲示物や備品の整備などがそれに当たる。障害の有無にかかわらず、集中力は周辺視野（漠然と目に入るもの）からの情報に大きく左右されるからだ。

次に、授業規律の徹底。授業を秩序ある整然としたものにしたうえで、見通しのある授業を展開する。見通しをもたせるポイントは、学習内容を視覚化して示すことだ。具体的には、ビジュアルな教材を使うことが望まれるが、それ以前に、学習の順番、手順、時間など、学習のフレームを板書やプリントの流れ図などで分かりやすく示して、それに従ってゆとりをもって授業を展開することである。これが、授業を分かりやすく構造化する三つのポイントとなる。

宅地の造成工事のようなものかもしれない。整地されて、インフラが整った授業環境という土台があってこそ、教員一人ひとりの「こだわり」が生きてくる。

静かな革命（二〇一四年一二月）

学校での「合理的配慮」とは、教育内容としては、学習上または生活上の困難を改善・克服するための配慮や学習内容の変更・調整などとなる。また、教育方法としては、学習機会や体験の確保や心理面・健康面の配慮などが挙げられる。

「合理的配慮」の提供は、結果（成績、進級、卒業）を保証するものではない。あくまでも学ぶ権利（学びへのアクセス）を保障するもので、具体的には、欠時オーバー（単位認定に必要な出席数を満たしていない）の場合や繰り返す問題行動に対しても再チャレンジの機会を与える（これまでは、不公平になるという理由で機会を与えることはかぎられていた）というものだ。ただし、再チャレンジが進級や卒業を保証するものではなく、「合理的配慮」を受けながら与えられた条件をどれだけ満たせるのか、言ってみれば本人の努力が問われることになる。とくに、指導上医療機関にかかることを条件づけた場合は、「合理的配慮」を伴うことが必然となる。

この法律が学校現場に影響を及ぼすまでにはかなりのタイムラグが予想される。これまでは、どちらかと言えば障害は隠すものだったが、今後は障害を公表して、「合理的配慮」を権利として主張するものになっていくだろう。対象生徒が多い秋留台高校では、「合理的配慮」を踏まえた指導体制の整備を急ぎたい。

教育は寛容（二〇一五年一二月）

「怠惰」という言葉が学校の教育用語になっている。「やらない生徒」なのか「やれない生徒」なのか、それは「教員の指導力の問題」なのか「生徒の怠惰という問題」なのか。遅々として進まない高校の特別支援教育の普及・啓蒙が急がれている。

どんな生徒でも、誰が見ても「ダメ」と思える生徒でも、その「ダメさ」のなかに、もっとよく生きようとするができずにもがいている者がいた。改めて教員生活を振り返ると、それを実感したことが多々あった。そんな生徒のもがきを受け止め、そこに共感し、一緒に苦しむとき、本当に「生徒をつかんだ」と言えるのではないだろうか。

これからの教育を担っていく教員のみなさんには、ぜひ「生徒をつかむ力」を身につけて欲しいと思っている。その力は、あらゆる学校で通用する、教職を根底で支える万能力となるからだ。

なぜか、私は教員になりたてのころから、「ダメな生徒」が気になって仕方がなかった。普通にやれば苦労しないのに、それができない生徒が不思議でしょうがなかった。ちょっと努力すればいいだけなのに、やらないのだ。次に何かしでかしたらもっと大変な苦労を背負うのに、どういうわけかまたやらかしてしまう。普通にやったほうがはるかに楽なのに、それをやらない、できない、それが私には理解できなかった。そして、それを「自分の指導力不足」と「生徒の怠惰」という狭い天秤の振れ幅のなかだけで考え、正直、悩んできた。

そして、あるとき、「そうなのか！」と腑に落ちる考え方に出合った。それが特別支援教育の考え方であり、インクルーシブ教育の理念である。指導力不足と怠惰の二極的なとらわれから解放され、ほっとひと息つけるスペースが得られたのだ。

障害に対する理解を深め、さらに障害の有無にかかわらず、何かしらの課題を抱えている生徒を排除せず、生きにくさを感じる生徒を丸ごと抱えてともに生きる――これは人権教育にもつながる考え方である。自然災害の多い日本において、共生、協働していくために、長い歳月をかけて日本人のＤＮＡに刻まれた思考パターンにぴったりと寄り添うもののように感じている。

元々、人間は平等ではない。家庭環境や天与の能力差、心身の病の有無も含めてすべてが不平等である。その理不尽さを包括できる考え方を高校にも普及させたい、それが自分の使命と考えてきた。法的に「合理的配慮」が求められるから整備するのではない。格差の広がる社会では、子どもたちは二重の貧困に苦しんでいる。経済的な貧困と人間関係の貧困、その割合は六人に一人と言われている。弱い立場の保護者や生徒をこれ以上困窮させないために、また弱者の再生産に歯止めをかけるために、可能なかぎりの「合理的配慮」を高校に広めたいと思って取り組んできた。

一〇回裏切られたら一一回期待する。教育とは寛容なものだ。寛容とは、過ちや失敗を見過ごしたり、不問にすることではない。生徒をとことん「信頼する」ことだ。「学び直し」は「生き直し」であるから。

保護者の風

ある時代から「モンスターペアレンツ」という言葉がよく使われるようになった。今も昔も多くの保護者は協力的であるが、クレーム社会という風潮を背景に、学校への要望や苦情が確実に増えている。とくに課題集中校では、時代とともに保護者からの風当たりが強くなっている。

一方、連絡のとれない保護者や、学校からの連絡を拒絶する保護者への対応は困難を極めている。クレーマーよりも手ごわい保護者を「ゴーストペアレンツ」と呼ぶことにした。

時代や社会の変化とともに保護者も変わる（二〇二〇年三月）

先生は偉い――本当にそうなのかは別として、世間ではそういうことにしておいたほうが家庭教育もうまくいくという時代背景があったころが懐かしい。

「うちの子が問題を起こしたら、学校で厳しく指導してください」

先にも述べたように、私が教員になった昭和五十年代は暴走族や校内暴力の全盛期であったが、それでも地域や家庭の教育力がまだ機能していたため、学校と家庭が一体となって生徒の問題行動に向きあうことができた。

「うちの子だけが悪いわけではない。親や友達にも責任があります」

ところが、二〇〇〇年代に入ると、保護者に我が子をかばうことが親の愛情であるかのような傾向が顕著になってきた。一例を挙げると、バイクで登校して特別指導になった生徒の父親が次のように言って我が子をかばい、本人のバイク登校を最後まで認めなかった。

「私が息子をバイクに乗せてきました。申し訳ありません。私の責任です」

「うちの子も悪いかもしれない。でも、学校や先生も悪い」

そして、近年では、生徒の問題行動は棚上げにして、学校や教員の不備を攻撃してくる「逆ギレタイプ」の保護者が多くなっている。数年前の事例では、授業妨害の特別指導に納得しない保護者が、「こんなことで指導する学校がおかしい。うちの子も悪いかもしれないが、うちの子を合格させた学校にも責任がある」と居直られたことがある。

このように、二一世紀の保護者の変化やその対応は厳しさを増している。ただ一つ、昔から変わらないものがある。それは、「なんとか高校だけは卒業して欲しい」という藁にもすがる親心である。そういう保護者に、問題行動の回数を根拠にして自主退学を迫ると「火に油を注ぐ」ことになる。

実は、困った生徒や保護者が一番困っているのだ。学校現場にいると、そのことを痛切に感じる。問題行動を繰り返す生徒のなかには、発達障害や精神障害などが影響している者が多く、教育的支援と医療的支援の両輪で対応する必要がある。また、保護者も同じく精神面における不調や障害を抱えていることが多く、親子で障害があることを受容できていないというケースも多い。これからの生徒指導では、特別支援教育の考え方や発達障害などの医学的、医療的な知見に基づく「合理的配慮」が不可欠となる。

ただ、現行の規則やルールそれ自体が本当に正しいのか、という疑問もある。世の中全体の法令遵守の組織統治が強まれば、当然マニュアルどおり、ルールどおりにならざるをえないわけだが、そうなると、個別の裁量やいい塩梅（あんばい）の「さじ加減」がやりづらくなる。学校も例外ではなく、とくに生徒指導においては個別のさじ加減ができるかどうかで効果に雲泥の差がつくわけだが、そのさじ加減が現行のルールとぶつかりあってしまう。

こうした教員の葛藤を解消して、効果的な生徒指導を行うためにも、学校の規則やルールは絶対的なものではなく、対象や状況に応じて柔軟に変えられるという発想がますます重要になってくるだろう。

第5章 ぼうずの夢七夜

　これまでに述べてきたように、困難な課題を抱えた生徒を「とことん面倒見る」というのは、教員にとっても管理職にとってもそれこそ困難を極める。

　解決の糸口が見当たらず、悶々と寝苦しい夜を過ごすことが多かった。要するに、教員という立場、管理職という立場でもっともらしいことを言ってやってきたわけだが、常に「不安」が同居していたということだ。

　とくに校長になってからは、夜な夜な課題の嵐がフラッシュバックしてきた。知らぬ間にストレスがたまっていたのだろう。そういえば、最近は寝覚めがあまりよくない。難儀なことである。

　ある夜、雨戸を叩く風雨にうなされ、ふと気づくと、こんな夢を見ていた。

第一夜　怠惰のジャングル

「テンタイガク・ゼロ」と呼ばれる楽園を求めて怠惰のジャングルを彷徨う未来探検隊がいる。教育委員会から余命三か月と宣告されているキャプテン坊主は、毎日密林を徘徊しながら、はるか彼方を指さし、「あっちだ」、「こっちだ」と叫んでいる。最近は「ホシュウの箱舟」と呼ばれる補習定期船にすべての動物を乗せ、一頭、一匹、一羽たりとも取り残さずに救い出せ、と譲らない。未知のウイルスを極度に怖がる動物や、怠惰としか思えないナマケモノのような動物をどこまで救ったらいいのか……隊員たちは頭を抱えている。

ある部隊は、命の選別はできないと、すべての動物に声をかけ、自ら箱舟に乗ろうとする動物を助けようと考えた。別の部隊では、隊員全員ですべての動物を見極めて、箱舟に乗せるかどうかを判断している。

ここ数年、このジャングルでは毎年一〇〇頭近くの生き物が姿を消している。生息しているらしいが、めったに姿を見せないという生き物も二〇〇頭を下らない。このままでは、外来種も含めてますます多様になる生き物たちは、やがてこのジャングルでは生息できなくなるだろう。

最前線で斧を振り回して密林を切り開いている隊員はヘトヘト状態で、疲弊困憊している。いつ毒蛇や猛獣が飛び出してくるか分からない。今まで見たこともない珍獣に遭遇することもある。夜行性の動物は昼間の行動が苦手だし、ナマケモノは全力を出しても動きが緩慢だ。単独行動を好む動物は集団生活になじめないし、肉食系と草食系が共生することはさらに難しい。たぶん、別のジャングルに行ったほうが自由気ままに生きていけるという動物だっているだろう。

昔は「怠惰」のひと言で追いやられた動物もいたが、最近ではナマケモノにチーターの敏捷性を求める隊員が少なくなった。それぞれの動物に適した接し方を求める「ゴウリテキハイリョ」の呪文が浸透してきたからだろうか。また最近では、「ツウキュウ」と呼ばれるオアシスも発見されている。

どうやら、この探検隊に属すると未知の生き物への適応力がつくようだ。それが、キャプテン坊主の自慢である。

坊主は気づいている。「マナビナオシ」の楽園などがどこにもないことを。困った動物なのか、困っている動物なのか。やろうとしないのか、やれないのか。この闘いは、隊員たち一人ひとりの思考や発想のなかに潜んでいる「コテイカンネン」や「センニュウカン」と呼ばれるモンスターと、それぞれが対峙することからはじまる。

……もう朝か。

そうだ、今日は入学式だった。

第二夜　孔明の葛藤

昔の中国だろうか、坊主は「タオ」と呼ばれる長老とともに、高い木の枝からある光景を眺めていた。眼下に広がる国では、兵士を集めて手旗信号の訓練をしている。信号にまちがいがあれば国の存亡にかかわるため、教官には「厳格に訓練するように」という命令が下っていた。しかし、何千人もの兵士を集めての訓練は困難を極めた。

高台で手旗の見本を示す教官は、ダラダラと手旗を振る兵士にいら立ちを覚えた。そこで教官は、怠惰な兵士を高台に上げて旗を振らせることにした。そして、「全員の旗がそろわなかったらその兵士の首を刎（は）ね、次の怠惰な兵士を高台に上げる」と宣言した。兵士たちに緊張が走った。

怠惰と見なされた兵士が次々と高台に上げられ、首を刎ねられた。何人かの首が飛んだが、残り数千人の手旗は一糸乱れずそろうようになった。それを見た教官は、これで我が国は救われる、と胸をなで下ろした。この光景を見ていたタオが言った。

「この方法は、人心を掌握するために絶大な効果がある」

「しかし」と言葉を止め、「これからどうなるかよく見ていなさい」とつぶやいた。

効果的な訓練を見つけた教官は、これなら手旗のスピードと全体の統一感をさらに上げられると確信した。そこで、長年の訓練で培った自分の判断規準をもとに、少しでも手旗の振り方が遅い兵士や手旗の角度がずれている兵士を次々と高台に上げては首を刎ねていった。

これまで高台に上がることがなかった兵士の首までが飛ぶようになり、「次は自分では……」と疑心暗鬼となった兵士の士気は衰え、敵国と戦う気持ちが目の前にいる人物への怒りと変わっていった。やがて兵士の大反乱が起こり、その国は滅びてしまった。

タオが静かに語りはじめた。

「人間は愚かだ。歴史は同じことを繰り返している。人と同じでないこと、人と同じにできないことが罪になる。規準に合わないこと、規準から外れることが罪になる。あれを見なさい」

そこには、たった一度のミスを犯した優秀な部下を、厳格な軍規に照らして、泣く泣く処刑する軍師の姿があった。ところが、同じ軍師が南蛮の頭領を七度捕え、七度許している。優秀な部下は失ったものの、エリート集団の結束は強固となった。一方、頭領を救われた南蛮は軍師を「神」と慕い、その地域では二度と反乱が起きなかった（一五八ページも参照）。

「矛盾や葛藤を伴いながらも、相手を見て規準や行動を柔軟に変えられる。それが孔明の孔明たるゆえんである」と言い残すと、「ムヨウノヨウ、ムヨウノヨウ、ムヨウノヨウ」と呪文を唱えながらタオは姿を消してしまった。

もう朝か……そうだ、今日は成績会議だった。

第三夜　命のビザ

天井の隙間から部屋の光がかすかに漏れている。屋根裏からそっと下をのぞきこむと、洋館の執務室で男が苦悶の表情を浮かべながら考えこんでいた。

最初の通達を受理した日、一晩中、考え抜いた。通達どおり民衆に伝えれば、そして、そのとおりに実行すれば、本省に対して従順であるとして「褒められる」であろう。仮に当事者がほかの誰かであったとしても、おそらく一〇〇人が一〇〇人、本省からの通達どおり、ビザ拒否の道を選ぶであろう。それよりも、何よりも、文官服務規程の何条かに違反し、昇進停止やクビになるのが恐ろしい。

男は、苦慮、煩悶の挙げ句、人道、博愛精神第一という結論を得た。そして、何も恐れることなく、職を賭して実行することにした。

気がつくと、タオが傍らでつぶやいていた。

「人間は愚かだ。歴史は同じことを繰り返している。人と同じでないこと、同じ人種でないこと、ある人種に生まれたことが罪になる。そして、誰かがどこかで決めた法律や論理に合わないこと、それから外れることが罪になる。あれを見なさい」

領事館の前には、多数の避難民が通過ビザを求めて殺到しはじめている。避難民の多くはビザの要件を満たしていない。あふれ出す避難民は、領事館の塀にしがみつき、ビザの発給を懇願している。

男は、代表者を呼んで詳しく話を聞くことにした。そして、避難民の切迫した状況を理解すると、外務省に対して、ビザ発給の可否に関する電報を送った。その内容は、人道上どうしても拒否できないことを記したうえで、形式にこだわらず、領事の裁量で通過ビザを発給したいというものであった。

しかし、それらは本省に却下された。

男は決断した。そして、来る日も来る日も一心不乱に通過ビザを書き続けた。やがて、領事館を閉鎖するという命令が下った。それでも男はビザを書き続けた。閉鎖された領事館からホテルへと移ってからも、男はビザを書き続けた。さらに、帰国の途に就く列車の駅にも避難民が押し寄せてきたため、列車が発車するまでビザを書き続けた。

その後、男は家族とともに日本に引き揚げていくが、男を待っていたのは本省からの退職勧告であった。

タオがつぶやいた。

「民主的な手続きで台頭した集団が、民主的な論理で排除の世界を見事につくりあげていった。

AならB、BならばC、CならばDの正論。だが、論理的に正しいことが本当に正しいのか」

たしかに、AからDまでという論理の流れは正しいかもしれない。ただし、最初の起点となるAをどこに置くのか、それは論理でも科学でもない。その人の感性、宗教、哲学がかなり関係してくる。

「ムヨウノヨウ、ムヨウノヨウ、ムヨウノヨウ」

……もう朝か。そうだ、今日は他校から訳ありで転学を希望している生徒の転入学試験だった。

第四夜　破壊坊主

教室の片隅に佇む生徒が、消えそうな声で「高校辞めます」と言う。この生徒は、テストの点がとれないことでみんなと対等になれない、と嘆いている。「点数がすべてじゃないから大丈夫」と慰めても、「高校辞めます」と言う。えっ、本当に辞めちゃうの?!

めったに学校に来ない生徒が、重い口を開いて「高校辞めます」と言う。学校へ行こうと思うと具合が悪くなると訴える。「家で課題をやって、単位をとれば大丈夫」と励ましても、「高校辞めます」と言う。本当に辞めちゃうの……。

問題ばかり起こす生徒が自暴自棄で「高校辞めます」と言う。その場では反省しても、またすぐに悪いことをやらかしてしまう。「やり直せるから大丈夫」と励ましても、「高校辞めます」と言う。やっぱり、辞めちゃうんだ。

「ナムマナビナオシ　ナムブカツドウ　ナムジモトシュウショク……」

耳元で囁く声が聞こえる。目を開けると、枕元で坊主がお経を唱えている。あんたは誰かと尋ねると、「わしはお前、愚禿（ぐとく）坊主」だと言う。そして、「コウコウを再定義するために現れた」と言って、闇に向かって説法をはじめた。

「ナムマナビナオシ　ナムブカツドウ　ナムジモトシュウショク……」

「これを一心に唱えれば、勉強の苦手な生徒も救われる。以前はコウコウのお経も色々あったが、今では唱えるお経が一つになってしもうた。『ナムトウダイ　ナムコッコウリツ　ナムソウケイ　ナムマーチ……』じゃと。こんなお経を毎日唱えておったら、勉強が苦手な生徒は『コウコウ辞めます』じゃろうなあ。困った生徒は浮かばれんよ。夢も希望も救いもないじゃろう」

坊主の説教はまだ続く。

「戦後まもなくは、コウコウへ進学する中学生は四割程度じゃった。ところが、コウコウが高度経済成長を支える装置と化して『進学のための勉強』を究めるようになり、一九六〇年代には七割を超え、一九七〇年代には九割に、そしてバブルが弾けたあとも増え続け、今や中学生の九九パーセントがコウコウへ通うようになったんじゃ。コウコウはすでに義務教育になっておるんじゃな。だから、コウコウの経典にも『マナビナオシ』とか『ツウキュウ』とかの呪文が入ってきたんじゃろう。ところが、これを熱心に信奉する者がコウコウにはどれほどおるんじゃろうか」

　えらく長い説教だ。夢なのか現実なのかが分からなくなってくる。それもそうだ。自分で自分に説教をしているのだから。

「愚禿(ぐとく)坊主、お前ぐらいのもんじゃよ。そのお前も、四月にはわしと同じように島流しになるんじゃろう。どうするつもりじゃ。フトウコウゼロ、テンタイガクゼロ、シンロミテイゼロ、そんなお経はコウコウでは邪教と笑われておるわ。お前もわしと一緒で肉食妻帯の身、しょせん破戒坊主じゃ。おぬしはコウコウの破壊坊主かもしれんな。哀れなもんじゃな」

「ナムマナビナオシ　ナムブカツドウ　ナムジモトシュウショク……」

……もう朝か。そうだ、今日は定年退職者の説明会だった。

第五夜　コウコウの再定義

「ナムマナビナオシ　ナムブカツドウ　ナムジモトシュウショク……」

　また現れたな、愚禿坊主。毎晩夢に出てくるとは、よほど執着があるのだろう。お前はわしか、わしはお前か。

「お前がわしを呼んだんじゃろう。『ヨクキタネ、マッテイタヨ』（不登校の生徒を応援するために、校門に掲示した手書きの標語）と毎日唱えておるじゃないか。それを聞いたら、行ってみようかと思うじゃろうが。だから、また来たんじゃ。じゃがよ愚禿坊主、余計なお世話かもしれんが、お前がよかれと思って唱えておることも、適格者主義、平等主義、学力至上主義を信奉するコウコウでは新興のカルト教としか思われんじゃろう」

出だしを聞くだけで、昨晩よりも長くなると感じたので、以下では蕩々と語ってもらうことにしよう。

わしの唱えた「アクニンショウキ」も誤解と非難の渦じゃった。当時の仏教は、空海や最澄という天才が国家安泰のために創作したフィクションじゃった。それは難しい学問を修めて、厳しい戒律の修行を乗り越えた一部のエリート僧侶のみが悟りを開いて、リーダーになれるというものじゃった。

一方で、民衆は戦（いくさ）や疫病の蔓延で、病死や餓死が当たり前という地獄絵図のなかで暮らしておった。わしは、修行をするほどに疑問に思ったんじゃ。お金も学問もコネもない貧しい人々が救われてこその仏教じゃなかろうか、と。だから、貧しさや苦しみの末に盗みや殺人を犯してしまう悪人こそが救われる。学問も修行もいらない。ただひたすら念仏を唱えよと言ったんじゃ。わしの言ってること、まちごうとるかのー。

当時ほどではないにしろ、今のコロナ禍という混乱のなかで貧富の二極化が急激に進んでおるらしい。ＧＡＦＡに象徴されるグローバルスタンダードのオンライン・フィクションのデータ教が世界に信者を拡大して、巨大企業のリーダーに巨額の富が集中するようになっておる。その一方で、日本の引きこもり人口は一〇〇万人とも言われておるそうじゃな。

コロナ禍で、小中学生の不登校も加速しているそうじゃな。学校につながらない、社会につながらない、長い間悶々と孤立した人間が家庭内で凶悪事件を起こしたり、社会を逆恨みして、「周りを巻きこんで死刑になりたかった」と言いながら、重大事件を引き起こしておるんじゃなかろうか。

そんな救いようのない人間を自己責任でひとくくりにするのは簡単じゃが、せめて義務教育化したコウコウまでに何とかならんものかのう。進学の橋渡しではなく、社会へとつながる橋渡しをするコウコウ、勉強が苦手な生徒、困った生徒に夢や希望を与えるコウコウ、そんなコウコウがあってもよさそうなもんじゃがな。

コウコウの再定義とはそういうことじゃ。愚禿（ぐとく）坊主、寝ている場合じゃなかろうが。

そのとき、十字架を背負った男が突然現れて、愚禿坊主に告げた。

「私が来たのも、正しい人を招くためではなく、罪人を招くためである」

「善人なおもて往生を遂ぐ　いわんや悪人をや」（歎異抄）

「人はみな、何かの罪や困難を背負っておるんじゃ。こら愚禿坊主、寝ぼけたふりをしてないで、困った生徒を招くためのコウコウの再定義を急げ！」

「ナムマナビナオシ　ナムブカツドウ　ナムジモトシュウショク……」

……もう朝か。そうだ、今日は来年入学する中学生への学校説明会だった。

第六夜　ギガ・デウス

藤井聡太四冠（二〇二一年当時）がＡＩにまたがって疾走している。うしろから、渡辺明名人がＡＩに引きずられながら追っている。そのはるかうしろを、羽生善治九段がＡＩをもてあましながら自力走行を頼りに追いかけている。ＡＩが導入されてからというもの、将棋の世界は一変した。その光景を空の上からニヤニヤと眺めている神様がいた。

「ホモエレクトス　ホモネアンデルタール　ホモサピエンス　ホモデウス……」

何かブツブツ言っているので、「あなたは誰か？」と尋ねるとデウスだと言う。

「私はホモ・サピエンスがアップデートしたホモ・デウスでうす。ちなみに、なぜあなたたちホモ・サピエンスが地球を支配するようになったか分かりますか?」

「それは、猿から類人猿に、そしてエレクトス、ネアンデルタール、サピエンスと進化していったからじゃないの」

「それはまちがいでうす。ちなみに、ネアンデルタール人とサピエンスは同じ時代に生きていたんでうす。最新の研究でも、サピエンスにネアンデルタール人のDNAの痕跡が発見されました。なぜ、ネアンデルタール人が絶滅してサピエンスだけが生き残ったのか、分かりますか?」

「それは、サピエンスが道具や言葉を使えて賢かったからじゃないの」

「それもまちがいでうす。ネアンデルタール人も道具や言葉を使っていました。ちなみに、脳みそも体もサピエンスより大きかったんでうす。なぜでしょう」

「ネアンデルタール人はメンタルが弱かった」

「どういうことでうす?」

「悩んでるたーるだったから絶滅した」

「デウスに冗談は通用しません。サピエンスにはフィクションをつくる能力があり、それによって巨大な集団をつくることができたからでうす」

「フィクション?」

「そうでうす。虚構です。分かりやすいのが宗教でうす。愚禿も、念仏さえ唱えれば誰でも救われるといって、日本で一番信徒が多くなったわけでうす」

「虚構？」

「あんたの書いた校門の『大丈夫だ』の標語も虚構でうす。あれを見て『元気が出る』と言ってる人がたくさんいますが、何の根拠もありません。苦情がないのが不思議でうす」

「サピエンスは、誰でもデウスにアップデートできるの？」

「できません。データ教の教祖となれる一部の有能なサピエンスだけでうす。イメージで言えば、ゲイツとか、ジョブスとか、マスクとかでうす」

「ほかのサピエンスはどうなるの？」

「無能階級に没落して、データこそ神と崇める信者になるんでうす」

「本当かよ」

「本当でうす。ちなみに、今の若者が一番欲しがっているものは何だと思いますか」

「お金、愛、仲間」

「違います。ギガでうす」

やっぱりギガかぁ〜……。

……もう朝か。そうだ、今日は卒業式だった。

第七夜　根拠のない愛

雨ニモマケズ　風ニモマケズ　雪ニモ夏ノ暑サニモマケヌ　丈夫ナカラダヲモチ……

風雨のなか、男がずぶぬれで自転車を漕いでいる。雪のなか、凍えながら自転車を漕いでいる。日照りのなか、汗だくで自転車を漕いでいる。緑のジャケットを羽織り、市内をあてもなく自転車を走らせている。

きっと丈夫な身体をもっているにちがいない。欲はなさそうに見えるが、そうでもなさそうだ。人から何を言われてもヘラヘラと笑っている。時々、暴飲暴食で腹を壊すが、すぐに忘れてまた呑みすぎる。自分本位で自分に都合のよいことだけを、よく見て、よく聞き、都合の悪いことはすぐに忘れる。

この男は野原の松林の寺子屋に住み、貧しい子ども、学問が苦手な子ども、ひと筋縄ではいかない粗暴な子どもを集めて人生を説いている。

東に不登校の生徒がいれば、「大丈夫、いつか通えるようになるから」と、根拠はないが未来に夢をつないでいる。

西に子育てに疲れたひとり親がいれば、「大丈夫、なんとかなるから」と、根拠はないが明日への希望をもたせている。

南に教えることに絶望した教員がいれば、「大丈夫、きっといつか生徒がこたえてくれるから」と、根拠はないが教育の力を信じてやまない。

北に窃盗や暴力を繰り返す非行少年がいれば、「大丈夫、いつかは大人になるから」と、根拠はないが人間の成長に祈りを捧げている。

「あんたの言っていることには何の根拠もないだろう」とからかわれ、みんなから「でくのぼうず」と呼ばれているが、褒められもせず、苦にもされず、そういうものに私はなりたい。

すると突然、牢獄の中に、日本の未来を憂える男が現れた。罪人も、牢屋番も、涙を流しながらその男の言葉を聞いている。

「至誠、天に通ず。『教えるの語源』は『愛しむ』です。誰にも得手不手があります。だから、絶対に人を見捨てるようなことをしてはいけません」

すると突然、貧民街で死を待つだけの人の家に、瀕死の人を看取る女性が現れた。

「愛の反対は無関心です。大切なのは、大きな愛で小さなことをやることです」

やっぱり愛か〜……。

……もう朝か。そうだ、今日は最後の修了式だった。

第6章 ライブな校長式辞

入学式、卒業式、毎学期の始業式、終了式、そして年度末の修了式。学校行事における式辞は、校長にとって授業の場となる。直接語りかけている生徒の周りで、教職員は聞いていないようで聞き耳を立てている。校長がどんな話をするのか、何をテーマに話をするのか、生徒の反応はどうなのかなど、口にこそ出さないが、校長の評価や評判を式辞で決めてしまう。恐ろしい反面、ここが校長の見せ場ともなる。

時々の学校に流れる空気を読んで、生徒や教職員に向けて熱いメッセージを送るわけだが、私のこだわりは、偉人や有名人の逸話ではなく、市井(しせい)に生きる人たちの日常のなかから心の琴線に触れた話を選んで、原稿を読まずに、直接生徒に語りかけるというライブスタイルでやることだった。

毎回のことだが、セリフがぶっ飛んだらどうしようとか、生徒の反応が悪かったらどうしようかという緊張感がたまらなく好きであった。

それでは、一四年間のライブをダイジェストでお伝えしていこう。ちなみに、式が終わるとすぐに式辞の原稿を「ぼうず通信」に載せて、教職員に配布していた。言ってみれば、私の授業の振り返りである。もちろん、原稿どおりでないところもあったが、それはそれで、ライブならではのよさもあった。

なお、ここに掲載したものはその原稿を手直ししたものである。掲載順序は「入学式」、学期ごとの「始業式」、「終業式」、「卒業式」、「修了式」という季節行事に沿った形にしている。それゆえ、実際に話した年度が前後していることをお断りしておく。

「私はできる」という発見から（入学式・二〇〇八年四月）

入学の晴れの門出を祝って、今日は、「できる、という発見」についてお話しします。

ある科学雑誌に、「人類の発見」というテーマで二〇世紀最大の発見は何かという話が載っていました。みなさん、それは何だと思いますか?

答えは、「人間は月に行ける」という発見だそうです。この人類の可能性の発見によって、二〇世紀から現在の二一世紀を支える科学技術が飛躍的に発達したと言われています。アメリカのアポロ計画として有名ですね。人間が無事に月に行って帰ってくる。それを実現するために、あらゆる英知が結集されました。ミスの許されない、複雑な計算をするためにコンピュータが飛躍的に発達しました。

さて、ここでみなさんに考えてもらいたいのは、「コンピュータが発達したから月に行けた」ということではありません。月に行ける。その可能性を確信したから、科学技術が急激に発達したのです。

これをみなさんに置き換えて考えてみると、勉強ができるから学校で学ぶのではありません。学校という場で自分の可能性を伸ばそうと本気で思うから、苦手な勉強もできるようになるのです。勉強ができる、できないは問題ではありません。

こんな話があります。お釈迦さまの弟子に周梨槃独（しゅりはんどく）という人がいました。この人は勉強が大の苦手で、いくら勉強してもお釈迦さまの言うことや教典が理解できません。も

入学式の様子

うダメだ、あきらめよう、そう思ってお釈迦さまに相談します。するとお釈迦さまは、箒を一本渡して、「難しいことはいいから、とにかく一生懸命掃除をしなさい」と言います。

それからというもの、周梨槃独は来る日も来る日も一生懸命掃除に明け暮れました。そしてある日、「智恵で煩悩を払うのは掃除と同じだ」と悟るのです。智恵とは、体験で身につけた、生活に役立つ知識のことです。煩悩とは、悩み事や人間をダメにする欲望です。掃除という体験で身につけた智恵で彼は救われたのです。

「できる、できない」を悩む前に、まずは「できることをやる」。そうすると、「私はできる」という可能性の発見につながるのです。

北の名人（入学式・二〇〇九年四月）

新入生のみなさん、あきる野の桜も満開となりました。晴れの門出に際して、今日は、厳しさのなかでこそ可能性の根が伸びるという「北の名人」のお話です。

東北のある村に、「北の名人」と呼ばれる米づくりの名人がいました。どんな冷害の年にも、この名人の田んぼには稲穂がたわわに実っています。干ばつで田んぼが干からびても、名人の稲はしなびれることなくしゃんとしています。大きな台風が来ても、名人の田んぼの稲は決して倒れません。

そうした強い稲をつくるまでには多くの苦労がありました。何度も何度も冷害や干ばつ、台風のためにせっかく育てた稲が全滅してしまったのです。失意のなか、名人が白神山地のブナの原生林を旅したときでした。ふっとブナの大木の幹に耳を当てると、「ゴーゴー」と水を吸いあげる音が聞こえてきたそうです。そのとき、足元の至る所に張りめぐらされている太い根があることに気づきました。それから、稲の強い根をつくる工夫がはじまりました。

名人の強い稲の秘密は、長く伸びた根っこにありました。夏を迎えるある時期、田んぼの稲は青々と瑞々しく見えます。しかし、名人の田んぼの稲だけは、黄色く枯れたように見栄えが悪いのです。わざと、与える肥料や水を極限まで減らしてしまうからです。このとき、稲は養分を求めてグングン根を伸ばそうとするのです。地表の葉っぱは黄色くなってしなびているが、土の下では力強く根っこが伸びている。そんな強くて長い根があるからこそ、冷害や台風の悪条件を無事乗り越えていけるのです。

高校時代は、将来の自分を支える根をしっかりと伸ばす時期だと思います。外見を飾ることなく、素直に、誠実に、勉強に向かうことで、将来を支える根は確実に伸びていくと信じています。生活指導を厳しく徹底することは、水を極限まで減らすことと同じです。やりたいこと、楽しいことを我慢し、真剣に勉強に向かうことは、余分な栄養を与えないことと同じです。

厳しさのなかでこそ可能性の根が伸びる。みなさんの素晴らしい人間性と可能性を信じて、しっかりとその根を伸ばしましょう。

さて、お手元の入学のしおりをご覧ください。このあとで、コーラス部と本校職員でご紹介する本校の校歌（加藤楸邨作詞・田崎篤次郎作曲）には、実は「北の名人の極意」が込められています。一番の歌詞をご覧ください。

ひそみてあれば　目につかね　深きその根の　伸びやまず
野を覆うとき　春の草　雪萌えのしんかんたりや秋留台

地面の下で見えないけれども、深くその根は伸びていて、雪の残る厳しいあきる野の自然環境のなかでも春になると草木が芽吹いていく。つまり、厳しい高校生活のなかで目に見えない根の部分を大切に伸ばすこと、それが、やがてみなさんの可能性を花開かせるということです。

ウサギとカメ（入学式・二〇一五年四月）

あいにくの天気になりましたが、今年も満開の桜が新入生のみなさんの入学式を待っていてくれました。

ＪＲ東秋留駅の大きな桜に気づいた人はいますか？　あの桜を地元では「安兵衛桜」と呼んで

います。一九二五（大正一四）年、五日市線が開通するときに、坂本安兵衛という人が私財を投げ打って、拝島から五日市までの各駅に苗木を寄贈したそうです。それから一〇〇年、戦争や災害を乗り越え、毎年花が咲き、私たちを楽しませてくれています。

今日は、みなさんもよく知っているウサギとカメのお話です。この話はみなさんもよく知っていると思います。ウサギとカメが競走をして、ピョンピョンと速く進むウサギが油断して寝ている間に、ノロノロと進むカメに追い越されて、カメが先にゴールするというお話ですね。

地道にコツコツ努力する者が最後には勝つ。この教訓は、エンカレッジスクールでも同じです。でも私は、新入生のみなさんには、さらに一歩進んだ考え方をしてもらいたいと思っています。

地道にコツコツ努力することは大切です。でも、もし仲間が寝ていたら起こしてあげてください。もしかしたら具合が悪いのかもしれません。あるいは、いじめなど、人に言えない理由で苦しんでいるかもしれません。寝ているウサギも起こして一緒に走

秋留台高校の桜

る、それがエンカレッジの精神です。

えっ、それではサボっているウサギが先にゴールしてしまう。そんな心配はいりません。人生のゴールは人それぞれです。仲間を応援できる人こそが、仲間からも応援されて、自分のゴールに早くたどり着きます。秋留台は団体戦です。仲間と協力して仲間と一緒に自分の力を伸ばしていきましょう。

マッハの壁（一学期始業式・二〇〇九年四月）

今日は、「マッハの壁」というお話です（四三ページ参照）。無理だと思っている壁を超えると、そこは意外と安心できる新しい世界が待っているというお話です。

音速の壁とは、飛行機などが音速に近づくと飛行が困難となる状況を表す言葉です。音速は音の伝わる速度で、秒速三四〇メートル／秒、時速で言えば一二二五キロとなります。

第二次世界大戦のころから、音速を超えることが一つの課題となっていました。物体が音速を超える瞬間にさまざまな現象が起きるのではないかとする説があり、「大気中には『音速の壁』という見えない壁が存在するため、物体が音速を超えることは不可能である」という理論を唱えていた科学者さえいました。

ところが、実験パイロットだったチャック・イェーガー（(Charles Elwood Yeager, 1923〜

2020）が、一九四七年に実験機で初めて音速を超えました。そして、彼は音速を超えたあと、「予想もしない静かな世界があった。『音速の壁』を超えるのはさほど難しいことではなかった」（インターネット調べ）と述べています。

実は、チャック・イェーガーは、実験をする前日に肋骨を骨折して、実験機に乗りこむことすら難しい状況でした。彼は、そのことを内緒にして実験に挑んだのです。私はこの話から、困難と思われる状況でも、それにチャレンジしてみることが何より大切で、困難と思われた壁でも意外と簡単に突破できるという、そんな勇気をもらいました。

みなさんも、本当にこの学校でやっていけるだろうか、進級できるだろうか、進級できたらついていけるだろうか、クラスが変わって友達ができるだろうか、新しい担任の先生とうまくやっていけるだろうか――そんな「マッハの壁」に向きあうような不安がたくさんあると思います。もし、そんな状況になったら、ぜひこの話を思い出してください。無理だと思っている壁を超えると、そこには安心できる新しい世界が待っているものです。案ずるより産むが易し。思い悩んでいるよりも、まず第一歩を進めることです。それでは新学期をスタートしましょう。

ブータンの幸福（一学期始業式・二〇一二年四月）

今日は、ブータンという国のお話です。アジア大陸の中央部にあるブータンは、国民の幸福度、つまり日々の生活を幸せに感じている割合が非常に高いそうです。山岳地帯の農業を中心とした、経済的にはそれほど豊かな国ではありませんが、家族や仲間の絆がとても強い国です。

たとえば、農作業などは村の人が総出で協力するというのが当たり前です。家を建てるときも、村人全員がお互いに手伝うことが習わしになっています。さらに、驚いたのは、自分の家に、家族や親戚だけでなく、近所の人がおしゃべりするために自由に出入りしているということです。モノの豊かさよりも、人と人との絆を大切にする国なのです。

それを見ていて、ふと子ども時代を思い出しました。私が小さいころに、テレビが一般の家庭にも普及しはじめました。しかし、値段が高くて買える家は少なく、隣のお米屋さんがテレビを買ったので、家族や近所の人とよく見に行きました。そのときはプロレスが人気番組でした。戦争に負けて、焼野原からやっとの思いで復興が軌道に乗ったころです。

力道山（一九二四〜一九六三）というプロレスのスーパースターが外人の悪役レスラーを空手チョップで倒すシーンに、大人も子どもも大歓声を上げました。今のように豊かではありませんが、そこには近所の人たちの一体感がありました。

『ALWAYS　三丁目の夕日』（西岸良平原作、山崎貴監督、二〇〇五年、東宝）という映画が話題になりました。私の子どものころと同じく、近所の人たちの絆が強かったころの話です。そういうものを、今の時代が求めているのかもしれません。

ブータンは、自然や動物も同じ仲間です。ある地域には今も電気が通っていません。その地域の人々は、電灯やテレビが使えません。そこには渡り鳥の飛行コースがあり、空に電線を張ることができないからです。しかし、その地域の人は文句も言わず、渡り鳥と一緒に生活するために、何十年もかかるという工事、地下に電線を通すという方法を選びました。

以下はブータンに伝わる童話です。

ある人が畑を耕していたら、土の中からい大きなヒスイ、宝石が出てきました。その人は、ヒスイを貧乏な人の牛と交換しました。次に、その牛を貧乏な人のヤギと交換しました。次に、そのヤギを貧乏な人のニワトリと交換しました。そして、最後に、何も持ってない歌の上手な人にニワトリをあげ、歌を教えてもらいました。その歌を歌うと、たくさんの人が集まってきて、その人は幸せに暮らしたそうです。

日本のおとぎ話『わらしべ長者』とは正反対の物々交換の結果です。最後に手にするのが物質的な豊かさか、精神的な豊かさかの違いですね。

さて、みなさん。携帯電話やゲームなどのモノの豊かさと、困ったときに協力してくれる友達や悩みが相談できる仲間など人の絆の豊かさ、どちらが人を幸せにすると思いますか？　今、日本が問われている一番大切なことです。それは、これからを生きるみなさん一人ひとりが真剣に考えることだと思います。

まわりみち（一学期終業式・二〇一五年七月）

今日は、「まわりみち」のお話です。まっ直ぐに行ったほうが近いのに、わざわざ遠回りをする。それを「まわりみち」と言いますね。まわりみちをすると余計な時間を使うように感じますが、実は、人生ではそれが一番早く目的地にたどり着く「最善のみち」だったりすることがあります。「学び直し」の学校も、「まわりみち」の学校ですね。

実は、まわりみちができる動物とできない動物がいるそうです。ドイツの心理学者のケーラー（Wolfgang Köhler, 1887～1967）がまわりみちの実験をしました。コの字型の柵を造り、柵の向こう側にその動物の欲しがる餌を置きます。こういう場面で、その動物がどういう行動をとるのかを実験したわけです。

まっ直ぐに進もうとすると柵に遮られます。でも、柵は向こう側で途切れているので、まわりみちをすれば餌のところへたどり着けます。

ケーラーは、初めに一歳三か月になる自分の娘を使って実験します。柵の向こう側に大好きな人形を置きます。さて、どうなったでしょうか？　娘さんは、見事にまわりみちをして人形を手に入れました。次はニワトリです。さて、どうなったでしょうか？

ニワトリは餌に向かって突き進もうとするばかりで、まわりみちができませんでした。その次に犬で実験します。さて、どうなったでしょうか？　犬は、見事にまわりみちをして餌のところへたどり着きました。さて、ここからがみなさんによく考えてもらいたいところです。

同じ犬を使って、餌を置く位置を替えて実験します。初めは柵の向こう側の、離れたところに餌を置いたのですが、今回は柵のすぐ近く、犬の鼻先に餌を置きました。さて、どうなったでしょうか？

答えですが、犬はニワトリと同じようになってしまったのです。柵の前をウロウロするだけで、まわりみちができなくなってしまいました。どうしてできなくなってしまったんでしょうか？

餌を近くに置いたことで匂いの刺激が強くなり、本能が強く働いて、考える力を上回ってしまったのです。「欲しい、欲しい、欲しい」という本能が働き、ひたすら突き進むようになってしまったのです。

私たち人間も同じです。突然、犬と同じようにまわりみちができなくなることがあります。まわりみちができるのは、先の見通しが立てられるからです。それを「理性」と呼びます。常に理性どおりの行動ができるかというと、そうではありません。夜更かしをすると朝起きられなくなるから早く寝よう、それが理性です。でも、スマホやゲームをやっていると、もっと、もっとと本能が突き進んで眠れなくなってしまいます。

恋愛や性の問題も同じですね。理性があれば分かることです。でも、突然犬になってしまう生徒がこのなかにいませんか？　また、補習に出ないと進級・卒業ができません。補習に来ない、レポートを出さない、そういう生徒は、きっと犬と同じように柵の前でウロウロしていることでしょう。犬やニワトリを進級・卒業させる学校はありません。勉強とは、理性を鍛えるまわりみちです。そういう意味で、学び直しは最大のまわりみちです。本校は、そんなまわりみちを応援する学校です。

誠実なこころ（一学期終業式・二〇〇九年七月）

今日は、ある新聞の投書欄に載っていた記事に関するお話です。少し前のことなので原文どおりの紹介はできませんが、記憶をもとにお話しします。

ある人が、梅雨の朝、手紙を出しにポストに向かったら、ポストの前に赤いバイクが止まっていたそうです。朝一番の集配にはまだ時間があるのにと思いながら近づくと、雨カッパを着た男性がその人の手紙を受け取りながら、「集配時間より五分ほど早く着いてしまって、手紙を出しに来る人を待っているんですよ」と言ったそうです。

「雨の中ご苦労さんですね」と言いながら、良心的だなーとその人は思ったそうです。五分待っても、集配時間に合わせて手紙を出しに来る人がいるかどうかも分からないのに、また五分早く集配しても一般の人には分からないのに、このような人たちが郵便事業の陰の力になっているんだと知った朝だった、と新聞の投書欄に書かれていました。

この投書を読んで、あるテレビのドキュメンタリーを思い出しました。それは、チベットの山岳地帯で郵便配達をする親子の話です。

街から郵便物を背負って、何日もかけて危険な崖や川を越えて、山奥にある一軒一軒の家に郵便物を届けて回ります。ある家に、目の不自由な年老いたおばあさんが一人で住んでいました。おばあさんの唯一の楽しみは、街に住んでいる息子から届く手紙でした。

ところが、今回はその息子からの手紙がありませんでした。しかし、郵便配達人は、おばあさんの家に着くと、いつものように手紙を取り出す振りをして、おばあさんに手紙を読んで聞かせました。そして、読み終わると「いい息子さんですね」と声をかけたのです。おばあさんは泣きながら、「ありがとうございます。これでまた一人で元気に生きていけます」と感謝します。

その光景を見ていた郵便配達人の息子は、「僕はお父さんを尊敬しています。僕も、この仕事を継ごうと思っています」と答えていました。

今の日本は、自分が儲かれば何をしてもいい、いかに楽をしてお金を手に入れるか、どうやって人からお金を騙し取るか——そんな話が日常茶飯事になっています。これまで日本を支えてきたものは、見えないところでも地道に仕事をやり遂げるという誠実な心ではなかったでしょうか。それが日本人の素晴らしさだったのではないでしょうか。こうした話から、そんな思いを新たにしました。

クール・ジャパン（二学期始業式・二〇一一年九月）

元気で思ったことが自由にできる。それが、どれほど貴重なことか。そして、この日本で誰もが当たり前だと思っていることがどれほど素晴らしいことなのか。今日は、そういうお話をしたいと思います。

今日は、杖をついて学校に来ました。この夏休みに腰の手術をしました。背骨の神経が圧迫され、足がしびれて、長く歩くことができなくなってしまいました。ちょっとどこかへ行きたいなと思っても、痛みやしびれを考えると気が重くなってしまいます。

実は、入学式や始業式のとき、みなさんの前でこうして立つのも不安でした。朝の駅前や校門での挨拶も、立っていると足がしびれてきました。階段の上り下りもエレベーターを使う始末です。普通に歩けること、それがどれほど素晴らしいことなのか、それを今実感しています。

それまで当たり前にできたことができない辛さを噛みしめた夏休みでした。そのなかで、これまでできなかったことができて、新たな発見のある夏でもありました。

その一つが、たくさんの本を読むことでした。入院前に、学校の図書館で十数冊の本を借りました。また、駅前の本屋さんで、気になる本を片っぱしから買いこみました。山になるほど本を病院に持ちこんで、朝から晩まで本を読んでいました。一番印象に残った本が『ワンピース』（尾田栄一郎、集英社、一九九七年より）です。

えっ、マンガばっかり読んだのと言われそうですが、持っていったマンガは『ワンピース』だけです。しかも、知りあいに頼んで、単行本を第一巻から四十数巻まで、全部病院に持ってきてもらったのです。実は、以前からワンピースを全部読んでみようとひそかに思っていました。

みなさんのほうがよく知っていると思いますが、主人公の麦わら帽子のルフィーが海賊王を目指すこの物語は、史上初の二億冊以上の売り上げを誇る、ダントツ「人気ナンバー１」マンガです。海外でもブームを巻き起こし、熱狂的なファンが大勢いて、クール・ジャパン（カッコイイ日本）の代表的な作品になっています。

日本の若者を中心に、世界にも影響を与えるこのマンガに描かれているものは、「仲間を大切にする心」です。突拍子もない奇抜な絵や極端な構図は、時々意味不明で私にはついていけないところもありますが、偉大なる航路に浮かぶ奇妙な島々での冒険は、「自分がどんな苦難に遭遇しても、絶対に仲間を裏切らない。仲間を信じる」、そういう価値観で貫かれています。

昔よく使った言葉に「卑怯」というものがあります。私利私欲（自分だけ）のために人を裏切る、人を騙す、そういう人を「卑怯者」と呼びます。昔は「卑怯者」と呼ばれることが最大の屈辱でした。今は、騙されるほうが悪い、人を信じるほうが悪い、そういう風潮さえあります。『ワンピース』は、お金や名誉のためなら平気で人を騙す、裏切る、そうした卑劣で卑怯な海賊と、ルフィーとその仲間たちの絆をかけた戦いです。

これが今、日本で一番人気のあるマンガであることに私は安堵感と希望をもっています。私も読んでいてほろっとくる、胸がジンとなる。そんな物語が日本に力強く息づいている。そして、それをよしと感じる若い人が大勢いる——それをうれしく思いました。

ちなみに、昔、世界に影響を与えた伝説の日本映画があります。黒澤明監督の『七人の侍』（一九五四年）です。この物語は、麦の収穫期になると毎年盗賊に襲われる村を救うために、一人の侍が仲間を募って、お金でもなく名誉でもなく、村人との約束を果たすために命をかけて戦うという物語です。この映画は、ハリウッドにも影響を与え、『荒野の七人』（ジョン・スタージェス監督、一九六〇年）という、侍がガンマンに代わっただけの、まったく同じストーリーでシリーズ化されて世界で大ヒットしました。

そうですね。ルフィーが集めた仲間たちも、ゾロ、ナミ、ウソップ、サンジ、チョッパー、ロビンと全員で七人です。ワンピースの作者も『七人の侍』の大ファンだったそうです。

昔から日本は、仲間の絆を何よりも大切にする、そういう心が脈々と受け継がれている、世界中が憧れる素晴らしい国なのです。そのことを我々自身が気づいて、自信をもつことが大切だと思いました。

これからの日本、あるいは世界にとって、ますます家族の絆、仲間の絆、人と人とのつながりが重要になってくると思います。ルフィーのように、日本人が昔から大切にしてきた、自分のことをあとにして人のことを考えられる力、仲間に対する優しさや思いやり、それを本校でもしっかりと育てていきたいと思います。

一生懸命さは伝わる（二学期終業式・二〇一三年一二月）

今日は、知的障害のある従業員が七割もいるという会社の話です。日本理化学工業（川崎市）はチョークをつくるメーカーで、学校にとても馴染み深い会社です。この会社の経営方針は、「一人ひとりの良さを仕事に生かす」だそうです。

一九六〇（昭和三五）年、当時の養護学校、今は特別支援学校と言いますが、そこの先生が会社を訪れて次のようにお願いしたそうです。

「就職が無理なら、せめて働く経験だけでもさせてもらえませんか。このまま施設に入ったら、一生働く喜び、人の役に立つことを知らないで終わってしまいます」

しかし、現在いる従業員のことを考えて、社長さんはこの要請を断ったそうです。ところが、何度も来て熱心に話をする先生に根負けして、従業員には「申し訳ない」と思いながら引き受けたそうです。ところが、障害者の就業体験が終わるころ、従業員の代表が社長室に来て、「私たちが面倒を見るからずっと使ってほしい」と頭を下げたそうです。無心で働く一生懸命な姿にみんなが感動したのです。

その社長さんは、究極の幸せとは、人の役に立つこと、人から必要とされることだと教えられ、障害者の多数雇用を決心したそうです。

この会社の入社条件は、食事・排泄は自分でできること、簡単な会話ができること、一生懸命に仕事をすること、周りの人に迷惑をかけないことだそうです。さて、みなさんは、この入社条件を満たせているでしょうか?

社長さんが、次のようなエピソードを教えてくれました。

会社見学に来たある小学生が一生懸命に働く障害者の姿を見て感動し、「神様は誰にも人の役に立つ才能を与えてくれている」と手紙に書いたそうです。

一生懸命に働く姿、一生懸命に勉強する姿、一生懸命に話を聞く姿、すべてに共通するのは、誰が見ても素晴らしいものだと感じることです。そして、その能力は誰にでもある、そういうことをこの会社が教えてくれています。

勉強の神様（二学期終業式・二〇一四年一二月）

今日は、勉強の神様のお話です。さて、みなさんは勉強の神様を見たことがありますか？　授業中にすーっと教室に入ってきて、寝ている生徒を起こして回っている。あれは神様ではありません（毎時間授業を巡回している私のこと）。勉強の神様は目には見えません。でも、本当にいるんです。

昔、ある寺子屋に弟子入りした子どもがいました。その子どもは勉強が苦手で、難しい本がまったく理解できませんでした。そして、「自分には難しすぎて分からない」と言って諦めてしまいます。そのあと、寺子屋の長老に「辞めさせてください」と相談に行きます。

すると長老は、「分からなくてもいいから三年は聞き流しなさい」と言います。「その代わり、学ぶ姿勢だけは整えなさい」とも言いました。簡単に辞めさせてくれないので、仕方なく学ぶ姿勢に気をつけて長老の話を聞き流すことにしました。

すると、どうでしょう。一年、二年と繰り返し長老の話を聞いているうちに、分かるところと分からないところが区別できるようになってきました。三年経ったころ、勉強は「分ける」作業だと気づきます。それを長老に話すと、長老はキャベツを持ってきて、皮を一枚めくってこう言いました。

「分かるというのは分けるということだ。お前も一枚皮がめくれたな。でも、一枚めくるとまた皮が出てくる。分かったような顔をしている先生や学者でも、どんどんめくればいつか分からなくなる。キャベツの芯までは誰も分からない。自分なりに『分ける』作業を続けていると、誰でも『そうか、分かった！』と思うときが必ず来る。それが神様に出会ったときだ。一度分かったと思ったら、次から何度でも神様はやって来る。逃げずに、諦めずに、勉強を続けることだ」

私も、何度も勉強の神様に助けられました。勉強が分からなくなったとき、逃げることなく諦めずに続けていると必ずまた神様が舞い降りてくる——それが私の勉強の支えになっています。みなさんも試してみてください。

明日がある（二学期終業式・二〇一五年一二月）

今日は「時」についてのお話です。子どもは「時」に関する言葉、つまり「昨日」、「今日」、「明日」といった言葉がなかなか覚えられず、正確に使いこなせないそうです。そこである研究者が、「昨日」、「今日」、「明日」という言葉を、幼児がどれだけ正しく使えるかを調査しました。さて、その結果ですが、一番初めに正しく使えるようになる言葉はどれだと思いますか？

「明日」が正解です。「明日」、「今日」、「昨日」の順番で「時」を認識していくそうです。では、なぜ人間は「明日」を初めに覚えるのでしょうか？

精神科医のフランクル（Viktor Emil Frankl, 1905～1997）という人が、「強制収容所における一心理学者の体験」という報告書を書いています。日本では、『夜と霧』（池田香代子訳、みすず書房、二〇〇二年新版）という本で紹介されています。彼は、第二次世界大戦のとき、ユダヤ人というだけでナチスに捕らえられ、死の収容所「アウシュビッツ」に入れられましたが、奇跡的に生還しました。

この本のなかである作曲家の話をしています。その人は「五月三〇日に戦争が終わり我々は解放される」という夢を見て、それを仲間に打ち明けます。そのときは、希望に満ち、その予言を確信していました。ところが、その日が近づいてきても戦況は変わりませんでした。五月二九日、彼は突然高熱を出し、五月三〇日に意識を失い、五月三一日に亡くなりました。彼は、発疹チフスでした。

フランクルは、その報告書に次のようなことを書いています。

彼の体には以前から発疹チフスが潜伏していたが、未来への希望がその発病を抑えていた。彼以外にも多くのユダヤ人が亡くなるなか、最後まで生き残った人は強靭な体力をもっていた人ではなく、唯一未来を信じていた人である。自分自身の明日を信じられない人間は滅亡していった。（要約紹介）

このように結論づけているわけですが、子どもが初めに「明日」があることを覚えるのは、人間が生きていくためには「明日」を認識することが重要であるからです。

さて、みなさんは、未来への希望をもっていますか？　ここでフランクルの言葉をもう一度紹介します。

最後まで生き残った人は強靭な体力をもった人ではありません。未来を信じていた人です。「明日」なしに「今日」という日は頑張れません。人間は「未来を先取りできる」唯一の動物なのです。

不思議な呪文を教えます。希望の明日を迎えるための呪文です。それは、今を「ありがとう」と感謝することです。今年にありがとう。みなさんありがとう。元気な顔で、また新年に会いましょう。

ゴンダールのやさしい光（三学期始業式・二〇〇九年一月）

今日は、『ゴンダールのやさしい光』（みなみ　みなみ著、葉祥明イラスト、自由国民社、二〇〇一年」という本に書かれているお話です。

ゴンダールとは、アフリカ、エチオピアの奥地の地名です。今から約二五年前のエチオピアは、数年間も続いた内戦と大干ばつによるひどい食糧難で、エチオピアだけで一〇〇万人以上の餓死者が出たと言われています。そこに、大学を卒業したばかりのある青年が、飢えに苦しむ人たちに少しでも役立ちたいとボランティアに応募しました。そこでの体験をもとにした実話です。

その青年は、ゴンダールで二〇〇〇人以上のお腹を空かせた村人に食糧を配りました。支給される食糧は、トウモロコシと粉ミルクが一袋ずつです。取り合いや暴動が起きないように、村の兵士が銃を持って見張っていました。

「うちにはたくさんの家族がいます。一つだけではとても足りません」、「もう一袋、もらえませんか」と涙を流す人もいましたが、「一人、一つずつです」と言って、全員に行きわたるように配りました。

太陽が西に沈み、袋は残りわずかになりましたが、人々はなかなか家に帰ろうとしません。「もし、もう一つ貰えたら」という期待が人々を広場に留まらせたのです。

そこに、小さな二人の女の子がやって来ました。

「食べ物をください。山を三つ越え、三日間、歩いてきました。ゴンダールでは食べ物がもらえると聞きました」

「お父さんも弟も食べ物がなくなって死にました。お母さんは目が見えなくなりました。助けてください」と、少女たちは言いました。

青年が食糧をわたそうとしたときです。兵士がやって来て、「あっち へ行け。これはゴンダールの人の食べ物だ」と言って、少女たちを銃で突き飛ばしました。倒れた二人は怖くなり、急いで人ごみのなかに隠れるように逃げていきました。

兵士がいなくなるのを待ってから、青年は粉ミルクとトウモロコシの袋を持って二人を追いかけました。そして、付近一帯を必死に探し回りましたが、見つけることができず、あたりは真っ暗になりました。

標高三〇〇〇メートル以上のゴンダールの夜は非常に寒いそうです。青年は、自分はテントの中の寝袋で寒さは防げるが、外で寝ているであろう少女たちはどれほど寒い思いをしているのだろうかと、心配で眠ることができませんでした。

翌朝、陽が昇るとすぐに二人の少女を探し回りました。何人かの村人に尋ねて回るなか、ある情報を得ました。その家の戸を叩くと、ボロボロの服を着たおじさんが顔を出し、「昨日はありがとう。夕べ、うちの家族は一か月ぶりに食事ができた。とてもうれしかったよ」と言って出迎えてくれました。

青年は、「あの二人の女の子を知りませんか?」と尋ねました。

おじさんは、「ああ、あの子たちなら、夕べはうちで一緒にご飯を食べたよ。お腹がいっぱいになり、安心してスヤスヤと眠っていたよ」とにっこり笑って答えました。

よかった。ここに泊まってご飯も食べた。外で寝ずによかったと、青年はホッとしました。そして、「二人はまだ寝ていますか？」と尋ねました。

「とんでもない、二人はとっくに起きて、お母さんのところへ帰っていったよ。それで、昨日もらった食べ物を、少しだけれど二人に分けてあげたよ」と話してくれました。

「あれしかない食べ物を分けてあげたのですか？」と尋ねると、「そうだよ。私も食べ物をもらってうれしかったからね。あの子たちにも同じようにしただけだよ」と答えました。

このとき、青年は大きなショックを受けました。ボロボロの服を着たおじさんが、自分の家族にとって明日の命にもかかわる大切な食糧を、遠くの村の、知らない子どもに分けてあげたのです。

青年は、自分が力になれるのなら助けてあげたいと思ってエチオピアに来たのだけど、「僕には、このおじさんのようにはできない」という思いが頭をめぐり、ただ空を見上げて、「ごめんなさい」と謝ったそうです。

青年は、このゴンダールのおじさんから「自分にとってもっとも大切なものを人に分けてあげるとき、人間はもっとも人間らしい心の持ち主になれる」ということを学んだそうです。

私は、ゴンダールのおじさんの言葉が強く印象に残りました。

「自分もうれしかったから、あの子たちにも同じようにした」

何気ない言葉ですが、そのことで大切な食糧は半分になったかもしれません。しかし、食糧は減っても、うれしい気持ち、幸せな気持ちがあの姉妹やお母さんへと伝わり、二倍にも三倍にも膨らんだのではないでしょうか。

さて、みなさんはこの話を聞いて何を感じたでしょうか？

熊さんの就活（三学期始業式・二〇一一年一月）

さて、人はなぜ働くのでしょうか。今日は「働くこと」についてのお話です。江戸時代の長屋のお話です。

長屋とは、今で言えば平屋の集合住宅のことです。そこに、腕はいいが、飲んだくれの大工、熊さんが住んでいました。仕事もせずに毎日飲んだくれて、女房、子どもにも逃げられてしまう。やけになって暴れたりするから、近所の人からのけ者扱いにされていました。家賃もずっと払っていないから、長屋を追い出され、今で言うところのホームレスになっていても不思議ではありません。ところが、その大家さん、今で言う管理人でもあります。その人がいい人で、熊さんにこんな話を持ちかけます。

「うちの長屋もだいぶいろいろなところが傷んできたから、一つ、長屋の修理をやってくれないか。でも、修理代は取っちゃだめだよ。その代わり家賃はいらないし、酒代も俺が出してやろう」

そう大家さんに言われ、熊さんはしぶしぶ引き受けます。

それから、おんぼろ長屋の台所だとか、玄関だとか、屋根だとか、毎日、熊さんが修理をするようになりました。すると、ただで修理をしてもらった家の人から「熊さんありがとう」、「熊さん腕がいいね」と感謝されるようになりました。時々ですが、修理してもらった人がお酒のおつまみを差し入れてくれるようにもなりました。

これまでのけ者扱いにされていたのが、いきなり褒められ、感謝される。これに気をよくした熊さんは、隣町にある長屋まで修理をするようになり、ますます熊さんの評判が高くなっていきました。すると、その評判を聞きつけ、あちこちから仕事の依頼が入るようになり、しまいには「弟子にしてください」と言う人まで現れました。やがて熊さんは立派な大工の親方になったというお話です。

そんなうまい話があるものか。そう思った人もいるかもしれません。でも、これが本来の日本の社会のあり方、仕事のあり方だったと私は思います。みなさん、よく考えてみてください。呑んだくれの熊さんを仕事にかり立てたもの、それは「お金」でしょうか？　「お酒」でしょうか？　毎日ゴロゴロしているだけでは、誰からも声をかけられることはなかったでしょう。一生懸命働いていたからこそ、ねぎらいの言葉をかけられた。その感謝の言葉に、世の中とのつながりを感じて、さらに働くようになった。私には、そう感じられました。

社会というのは、家庭とは違って、基本的には見知らぬ者同士が集まる場です。そこで生きるためには、何らかの形で他人から仲間として認められる必要があります。それが「働く」ということです。働くことを「社会に出る」と言い、働いている人のことを「社会人」と言いますね。働くことは「社会とつながる」ことなのです。

日本の社会も少しずつ変わってきて、江戸時代の長屋の人たちのように、お金よりはみんなで仲良く生活しようとする温かい心が薄れています。さらに、厳しい就職状況は今後も続くと思います。こういう厳しい社会状況のなかでも、みなさんが卒業したあと、しっかりと社会とつながる力をつけてほしいと願っています。

そのためには、まず、厳しい環境にも耐えられる「強い根っこ」をつくることです。毎日、辛い勉強や厳しい部活動を続ければ強い根が育ちます。そして、服装や挨拶など、社会人としての礼儀作法をしっかりと身につけましょう。みなさんなら必ずできます。

どん兵衛の初夢（三学期始業式・二〇一二年一月）

自分のことをさておいて、人のために何かをする。今日は、自分のことをあとにする、というお話です。

お正月にコタツに入って、「どん兵衛」を食べながらお坊さんの番組を見ていました。すると、こんな初夢を見ました。それは地獄と極楽の話です。地獄も極楽も風景に違いはありません。どちらにも大きな釜があって、食事時になると、突如、その中にうどんが現れます。そこへ、それぞれの住人がやって来ます。

地獄の住人は、目が血走っていて、我先にと集まってきます。一方、極楽の住人は、笑顔でにこやかに集まってきます。どちらも手には一メートル以上はあろうかという長い箸を持っています。

極楽の住人は、長い箸でうどんをつかむと、ひょいと釜の向こう側の人に近づけて食べさせてあげます。向こう側で「ありがとう」という声がして、今度は向こう側の人が、うどんをつかんでこちら側の人に食べさせてあげます。こちら側からも「ありがとう」の声がして、また向こう側の人に、さっきよりも多めにうどんをつかんで与えています。「ありがとう」、「ありがとう」の声が響きあい、「もう結構です。ごちそうさま」の声がすると、みんな満足して仲良く引き揚げていきます。

一方、地獄はどうでしょう。長い箸でつかんだうどんを我先にと自分の口に運ぼうとしますが、箸が長すぎて誰もうまく食べられません。イライラしたうえに肘や箸がぶつかるので、「じゃまだ！　あっちに行け！」と、周りの人を押しのけようとケンカがはじまります。またある人は、長い箸を使ってうどんを全部自分のほうにかき寄せようとします。

「これは俺のうどんだ、手を出すな！」

さらに、それを別の人が長い箸で横取りをしようとします。

「これは俺のうどんだ、勝手に盗むな！」

しまいには、長い箸を武器にして相手を攻撃する者も出てきます。うどんは誰の口にも入りません。そして、うどんはどんどん細切れになってついになくなってしまいます。

「お前が悪い。お前のせいで、今日もうどんが食べれなかった。恨んでやる！」

そう言いながら、ひもじさと憎しみを抱きながら引き揚げていきます。

ここまではよくある仏教の話ですが、実はここから夢はさらに展開していくのです。こんなことを何百年も続けているので、お釈迦さまが一計を案じます。そして、地獄の住人と極楽の住人を一人ずつ入れ替えることにしました。さて、みなさんは、地獄と極楽がどのように変わったと思いますか？

極楽に行った地獄の住人は、食事時になるといつものように眼を血走らせて釜の前に立ちます。そして、我先にうどんを箸ですくって食べようとしますが、うまくいきません。ところが、ふと気がつくと、目の前にうどんが差し出されています。それをいただくと、思わず「ありがとう」の声が出ました。それは、今までにないうれしい体験でした。

そして今度は、うどんをくれた向こう側の人にうどんを取ってあげました。すると、相手が「ありがとう」とお礼を言ってくれました。それを聞くとさらに嬉しい気持ちが湧きあがってきました。それは、自分がいただいたときよりもさらに温かい気持ちになるものでした。そして、地獄の住人は、自分をあとにして、相手に与えることの意味を知ったのです。

さて、地獄に行った極楽の住人はどうなったでしょうか。みなさんはどうなったと思いますか？

地獄へ行った極楽の住人は、周りの地獄の住人が目を血走らせて我先にうどんを食べようとしているにもかかわらず、いつものように自分ですくったうどんを向こう側の人に食べさせようとしています。最初、向こう側の人はなぜ自分がうどんを食べられるのか気づきません。極楽の住人も、しばらくは相手に与えるばかりで何も食べることができませんでした。

しかし、極楽の住人は、食事のたびに相手に与え続けました。そして、食事を重ねるうちに、うどんにありつけて満足する人が増えていき、やがて極楽の住人がみんなにうどんを与えていることに気づきます。

あるときから、いつものように極楽の住人がうどんを与えると、「ありがとう」という声が返ってくるようになりました。そして、「ありがとう」という声が聞こえたほうから、極楽の住人にもうどんが届くようになりました。そして次第に、「ありがとう」、「ありがとう」という声が響きあうようになり、そこに住む人々に笑顔と豊かな表情が戻ってきました。やがてそこは、「極楽」と呼ばれるようになったそうです。

これは私が見た初夢です。さて、現実はどうでしょうか?

自分のことをあとにして、人に何かを与えることはとても大変なことだと思います。そして、それに素直にこたえて「ありがとう」を言うことも、ちょっと勇気がいるかもしれません。でも、「ありがとう」という言葉で人の真心は必ず伝わる、そう信じたいと思います。

今年は、自分のことをあとにして、多くの「ありがとう」が学校に響きあうことを期待して、「ありがとう」からはじめましょう。

また一つ壁を乗り越えて(三学期始業式・二〇一九年一月)

今日、みなさんに紹介するのは、あきる野市の中学生弁論大会の最優秀賞に輝いた作品です。

人の影響力

僕は、吃音症です。これは言葉がつっかえたり、出にくかったりしてしまうものです。僕が違和感を感じるようになったのは、幼稚園の年中からでした。幼稚園の出来事を親に話していると、時々言葉が出にくい事がありましたが、そこまで気にしませんでした。

小学校低学年の時には友達から笑われたり、真似されたりすることがありました。そこで先生に相談することにしました。すると先生は「ことばの教室に行ったらいいよ」と紹介してくれました。僕は話すことが好きなのに、なぜうまく話せないのか分からず、毎日悔しくて泣いていました。だから、吃音症を治したいという強い気持ちで言葉の教室に入りました。言葉の教室では、まず僕が「吃音症」であることや、克服をして大物になった人を教えてくれました。重松清さんやマリリン・モンローさんなども吃音症を克服しているのだそうです。その時は驚きました。まさかあの人が、という人がたくさんいました。

言葉の教室の先生は僕の話がつかえても笑わずに聞いてくれる初めての人でした。「こんな人もいるんだ。」と感激しました。さらにそこには、僕のような人たちがたくさんいました。初めての仲間に会いました。言葉の教室に通うより友達と遊びたいと思えるような勇気がついた時、僕は言葉の教室を卒業しました。その時、小学校四年生でした。

壁を一つ乗り越えました。言葉の教室に行ったおかげで、性格が前より明るくなり友達が増えて、学校が楽しくなりました。

小学校六年生の卒業式で将来の夢をみんなの前で話すということがありました。練習では自分の名前が言えずに泣いてしまうことが何回かありました。本当に悔しくて恥ずかしかったです。でも先生が「どんな時が言いやすいの?」と優しく話しかけてくれました。「歌を歌っているときはつかえない」と僕が言うと、先生はお笑い芸人のリズムネタをいくつか参考にやってくれました。それが僕の気持ちを明るくさせてくれたので本当に助かりました。卒業式ではつかえてしまったものの成功させることが出来ました。また一つ壁を乗り越えました。

中学校に入ると、つかえることが多くなり人前で発表するとなると声が出なくなってしまうこともありました。でも、僕のことを分かってくれている友達が僕の代わりに発表してくれた時もありました。

今は中学二年生になりましたが、やっぱりまだ困ることや精神的にやられてしまう時もあります。吃音症は波が激しいのでうまくつきあうことは難しいです。まだ人生十三年しか生きていませんが、吃音症の嫌な思いを体験したからこそ今の自分がいますし、今の生活があります。いつも壁を乗り越えられたのは周りの人のおかげだと僕は思います。吃音症があっても普通に生きていけますし、吃音症は自分を強くしてくれる材料なのです。周りの力と自分の個性があって、目の前の大きな壁を乗り越えて成長できるのだと思います。

昔の自分のような変わりたくても変われない人は、身の回りにたくさんいると思います。変われた僕だからこそできる、きっかけ作りの手伝いをしていければと思います。

（「第二三回あきる野市中学生の主張大会」二〇一八年一二月一日、あきる野市立増戸中学

（一校二年、清水太陽、最優秀賞・観客賞受賞。一部改行を加えている）

キララホールの大観衆の前で、彼は言葉を詰まらせながらも、一生懸命に自分の体験を語ってくれました。彼にとって、弁論大会に出場することはどれほどのプレッシャーだったでしょう。自分の目の前に立ちはだかる高い壁を諦めずに乗り越えようとチャレンジする姿から、私は大きな勇気をもらいました。

借りたら返す（卒業式・二〇〇九年三月）

今日は卒業生のみなさんの晴れの門出、一つ、はなむけとなる言葉を送りたいと思います。その言葉は「借りたら返す」です。なんだ当たり前のことじゃないか、と思うかもしれません。でも、この当たり前のことが大人でもなかなかできなくなっています。最近、私は強くそう思うようになりました。

今はなんでもローンでモノを買う時代です。お金も簡単に借りることができます。借りることが軽くなってくると、返すこともだんだん軽く感じるようになります。そして、返すことを忘れて、借りることばかり考えるようになってしまいます。

世界的な金融危機の発端と言われるアメリカのサブプライム問題、これも住宅を買うためにお金を借りやすくした結果、それを返せなくなってしまったことが原因となっています。ローン地獄の問題も根っこは同じだと思います。借りるという行為が軽くなり、借りる行為に麻痺して、その結果、返せなくなって人生が破綻してしまうのです。それはお金だけではありません。人の恩も同じです。

借りた恩の重さを感じたなら、命を粗末にしたり、自分勝手な行動はとれないはずです。みなさんも、生まれてこのかた、どれほどお父さん、お母さん、そしてご家族や身近にいる方々に借りをつくってきたことでしょうか。そして、これからも、生きていくためにさまざまな人に「借り」をつくることになるでしょう。

この卒業式を境に、これからの人生、まずは身近な人から、少しずつ、そしてできるだけ長く「借り」を返していってください。借りたら返す。この原理・原則が、世の中を渡っていくうえでとても大切ではないかと思います。

結びに、昔ベストセラーになった、放送作家の永六輔（一九三三～二〇一六）さんが書かれた『大往生』（岩波新書、一九九四年）という本に載っていた詩を紹介します。

生きているということは、誰かに借りをつくること
生きてゆくということは、その借りを返してゆくこと

誰かに借りたら
誰かに返そう
誰かにそうしてもらったように
誰かにそうしてあげよう

借りたら返す。卒業おめでとう！

きずな（卒業式・二〇一〇年三月）

卒業生のみなさんの晴れの門出に際して、今日は私の仲間のお話をしたいと思います。

それは平成七（一九九五）年の阪神淡路大震災のときのことです。神戸を中心にたくさんの犠牲者が出ました。大学時代に入っていた柔道部の同級生が二人神戸に住んでいました。地震発生からしばらく、二人とも安否は不明のままでした。約一週間後、それぞれが潰れたマンションから家族とともに奇跡的に救出されて、避難所にいることが分かりました。

柔道部の同級生は八名です。残り六名に、今、何ができるのだろうか。とりあえずお金を送ろうということになりました。金額は一人一〇万円でした。

京都にいる同級生の口座にお金を振りこみ、その同級生が神戸までお金をわたしに行くことになりました。全国に散らばっている同級生に電話連絡をしました。

「無事でよかった。すぐに送る」

翌日には、京都の同級生の口座にすべてのお金が振りこまれました。一人一〇万円のお金がどれほど役に立つのか、それは分かりません。ただ、卒業して三〇年以上も経つのに、電話一本で同級生の誰もが「よし、分かった！」の二つ返事ですぐにお金を送ってくれたのです。その絆の確かさに、言葉には表せない温かさと一体感を感じました。

それから一か月も経たない二月、私の父が亡くなりました。親族を代表して告別式の挨拶をしているときでした。ふと見ると、参列者のなかに神戸の同級生の姿を見つけたのです。その瞬間、涙がどっとあふれ、止まらなくなりました。

「こんな所に来ている場合じゃないだろう」

私にはこんな素晴らしい仲間がいる。仲間との強い絆がある。それは肉親を亡くし、失意のなかにいる私に、心から湧きあがる勇気と希望を与えてくれました。

今の日本は、この不況のなかでも、世界一長寿で、病気の人も少なく、モノも食べ物も豊富な、世界のなかでも幸せな国の一つです。でも、それに幸福を感じる人は意外と少ないのではないでしょうか。それはなぜでしょうか。お金やモノが優先され、人と人との絆、つながりが弱く、脆くなっているように感じます。

結びに、マザー・テレサ（Mother Teresa, 1910～1997）の言葉を紹介します。インターネットなどで調べたものを私なりにまとめたものですから、実際の言葉とは違うかもしれませんが、文意はまちがっていないと思います。マザー・テレサは、インドでもっとも貧しい人々のために生涯を捧げ、ノーベル平和賞を受賞した人です。

> 貧しさにはいろいろあります。経済的にうまくいっている国にも、奥深いところに隠された貧しさがあるのです。私が思うに、この世で一番大きな苦しみはひとりぼっちで、誰からも必要とされず、愛されない苦しみです。温かい人間同士のつながりを忘れてしまうこと、それがこの世で最大の苦しみです。苦しいときに助けあう、ないものを分けあう、そんなときに人と人はつながり、絆が強まるのです。

釜石の奇跡（卒業式・二〇一二年三月）

今、日本は大きな転換点に立っています。ちょうど一年前（二〇一一年）、東日本を中心に未曾有の巨大地震と津波、そして原発事故が発生しました。改めて、犠牲になった多くの方々のご冥福をお祈りするとともに、被災地の一日も早い復興を願ってやみません。

東日本大震災は、多くの犠牲と引き換えに、私たち日本人にこれからの生き方を考えるという大きな宿題を与えてくれたと思っています。新たな出発を前に、卒業生のみなさんに、今日はそんなお話をしたいと思います。

岩手県釜石市の小中学生のほとんどが津波の被害から逃れたという事実のことです。

「釜石の奇跡」と呼ばれた出来事を知っていますか？　「釜石の奇跡」とは、大津波に襲われた

「津波てんでこ」という言葉を知っている人も多いと思います。古くからの言い伝えで、津波で逃げるときは、一人ひとり自分で考えて自分の命を守れという教えです。

海岸沿いの小学校では、地震直後、校舎の三階に児童が集まったそうです。しかし、児童が三階に集まりはじめたころ、隣の中学校では生徒が校庭に駆け出していました。停電のため校内放送は使えません。これを見た小学生たちは、日ごろの中学生との合同訓練を思い出して、自らの判断で校庭に駆け出したそうです。

小学生と中学生の約六〇〇人は、五〇〇メートル後方にある高台、指定されていた避難場所に避難しました。しかし、裏山の崖が崩れるのを見て、危険を感じた児童生徒はさらに五〇〇メートル先にある福祉施設を目指しました。その三〇秒後、避難場所が津波にのまれたそうです。

さらに、背後から迫る津波の恐怖を感じた児童生徒は、たどり着いた福祉施設からさらに高台へと駆けたそうです。津波は、福祉施設の約一〇〇メートル手前で止まったそうです。

すべてが避難開始から一〇分足らずの出来事だったそうです。小学校の三階には、流されてき

た自動車が突き刺さっていたと言います。

この「釜石の奇跡」は、私たちに津波や防災に対する貴重な教訓を残してくれました。想定にとらわれないこと、自分で判断して率先して行動すること、最善を尽くすことなどがそれです。これは、防災だけでなく、これからの不透明で、変化の激しい時代を生き抜くために必要な力だと私は感じました。そして、それを実践している人が、あの大震災の非常時においてもたくさんいたことを心強く感じました。

街中のコンビニの店長は、海沿いが津波で大きな被害が出たことを知り、生活必需品が不足することを直感して、自分の判断で、店のすべての品物を被害に遭った人に回すために販売を中止しました。災害でモノがなくなることを心配して、買い占めに来た客は激怒します。そんなお客さま一人ひとりに、「ここはまだ被害が少なくて生活ができます。どうか我慢してください。海沿いの人にこの品物を届けたいのです」と説得していました。

また、海沿いにある水産加工工場の多くが津波の被害で操業を断念し、従業員が解雇されました。ある社長が従業員を集めて、涙ながらに自分の決断を話していました。

「従業員は会社の財産です。みなさんは私の家族です。工場の再開のめどは立っていませんが、必ず全員に戻ってきてもらえるように頑張ります。それまで、みなさんも私を信じて頑張ってください」

そして、津波で、家の瓦礫ごと海に流された女子高生がいました。瓦礫の隙間からお母さんの腕だけが見えていたそうです。何度も何度もお母さんを呼びますが、返事がありません。絶体絶命の場面で彼女は決意します。

「おかあさんごめんなさい。おかあさんを置いていきます。どんなことがあっても、私は生きていきます」

そう言って、対岸を目指して暗い海を泳ぎ出したそうです。そして、近くにいた漁船に救助されました。

「てんでこ」とは、バラバラとか自分勝手とは違います。それまでの常識や想定にとらわれず、自分の判断で最善の道を探り、歩み出すことです。そして、その勇気ある行動が周りの人を助けたり、あるいは助けられたりする、新たな人と人との「絆」になるということです。

卒業後のみなさんの進路は「てんでこ」です。これまで想定されていた右肩上がりの生き方が通用しなくなった厳しい世の中で、卒業生一人ひとりが自分の最善の道を、しっかりと自分の足で踏み出してください。この厳しい学び直しの高校を卒業できたみなさんなら、必ずできます。

「でんでこ」に頑張ってください。

ありがとう（卒業式・二〇一五年三月）

卒業生のみなさんの晴れの門出に際し、今日はあり難いこと、「ありがとう」のお話をします。

ありがとうは、誰にでも簡単に言えて、これほど人を幸せにするものはないと私は思っています。一日に何回ありがとうと言ったか、一週間で何回ありがとうと言ったか、一年に何回ありがとうと言ったか、そして一生のうちに何回ありがとうと言ったか、実は、それがその人の「幸せ指数」となります。

「ありがとう」とは、もともと仏教の言葉です。「あり難い」こと、普通では絶対ありえないという意味です。

昔、お釈迦さまが弟子の阿難（あなんだ）に、「人間に生まれたことをどう思っているか」と尋ねました。阿難は「喜んでいます」と答えます。するとお釈迦さまは、「どれくらい喜んでいる」と尋ねます。阿難は答えに困りました。すると、お釈迦さまがこんなたとえ話をします。

「いいか、広い海の底に一匹の亀がいる。光の届かない海底に住んでいる亀は目が見えない。その亀は一〇〇年に一度海面に顔出す。海面には一本の丸太が漂っていて、その丸太には小さな穴が開いている。一〇〇年に一度、亀が海面に顔を出すとき、その丸太の穴に亀が顔を入れることがあると思うか？」

阿難は「とても考えられません」と答えます。お釈迦さまが、「絶対にないと言えるか」と問い返します。阿難は答えに困ります。するとお釈迦さまは、「人間として生まれるということは、亀が丸太の穴に顔を入れるよりもっと難しいこと、あり難いことなんだ」と教えます。

「ありがとう」という言葉は、人間に生まれてくることがいかに「あり難い」ことであるのか、そのことに感謝して生きなさいというメッセージが込められた日本語です。

誰かに何かしてもらったときに「ありがとう」と言う、嫌なこと、苦しいことがあっても、病気になっても「ありがとう」と言える。そして、何もない普段の生活のなかでも「ありがとう」と言い続けられる。それが幸せな生き方だということを教えてくれています。

私自身、この年になって実感していることがあります。それは「あり難いなあ」と感謝すると、不安や怒りが消えるのです。本当に不思議です。「ありがとう」は、感謝の言葉であると同時に、自分に降りかかる災い（わざわい）や災難を終わらせる呪文ではないかと強く感じています。

「あり難い」自分をこの世に生んでくれたお父さん、お母さんに、「あり難い」自分を支えてくれたご家族や仲間に、そして「あり難い」自分を手厚く指導してくれた先生方に、今日はとびきりの「ありがとう」を伝えてください。

みなさん、ありがとう！　そして、卒業おめでとう！

同行二人（卒業式・二〇二二年三月）

異常気象やコロナウイルスの影響で予定されていた行事ができずに残念な思いをした卒業生も多いと思います。でも、考え方を変えれば、これまでにない想定外のことが起こる時代を生き抜いていくための、貴重な体験であるとも言えます。

卒業生のみなさんの晴れの門出に、一つお話しします。人間は一人ではない、自分では気づかなくても必ず誰か支えてくれる人がいる、決して一人で生きているわけではない、というお話です。

ある人が、神様と一緒に砂浜を歩いていました。自分の人生を振り返るように、これまで歩いてきた砂浜をふと振り返ると、砂の上に二人の足跡が遙か彼方まで続いていました。ところが、よく見ると足跡が一人分しかないところがあります。さらによく見ると、それは自分がもっとも悩み、苦しんだときでした。その人は神様にこう訴えます。

最後の卒業式

「なぜ、あなたは私が一番苦しいときに一緒にいてくれなかったのですか?」

すると、神様はこう答えます。

「あれは、あなたが苦しくて歩けなくなったとき、私があなたを背負って歩いた足跡です」

私たちは、多くの人に支えられて生きています。決して一人ではありません。赤ちゃんのころは、お父さんやお母さんに背負われて育ちました。自分では気づかなくても誰かに支えられて今を生きているのです。

これまで自分と一緒に歩いてくれたご家族や仲間たち、先生方に、今日はとびきりの「ありがとう」を伝えてください。みなさんは一人ではありません。これからも、誰かと一緒に、それぞれの道を自分らしく歩いていきましょう。

卒業生のみなさんに、私の好きなアフリカの言葉を送ります。

早く行きたければ一人で行きなさい。遠くまで行きたければみんなで進め。

卒業おめでとう!

行為の意味（修了式・二〇一一年三月）

東日本を中心に巨大な地震と津波が発生しました。戦後最大の自然災害となり、多くの尊い命が奪われ、今も被災地では混乱が続いています。亡くなられた方々のご冥福をお祈りするとともに、被災地の一日も早い復興を願ってやみません。

こうした悲惨な状況のなかでも、被災地ではお互いに手を携え、支えあい、助けあい、時には自らの命も省みず、復興の足場を築こうとしています。こうした日本人の姿勢に、今世界中から賞賛の声が上がっています。

たとえば、町民を大津波から守ろうと、堤防の水門を閉めに向かったまま行方不明になった消防団のお父さんを探す女子高生の姿がありました。悲しみをこらえながら、「お父さんの行動を誇らしく思う」と、唇をかみしめながら話していました。

合唱の全国大会に出場予定だった高校生たちが、その出場を断念して、被災地の避難所で合唱を披露するという光景がありました。『ふるさと』の歌声に、避難している多くの方々が涙を流していました。また、福島の原発事故では、放射能と闘う消防隊員の決死の行動がありました。隊長は「恐怖と闘いながら、自らの使命に身を捧げる隊員の士気の高さを誇りに思う」と涙をこらえて報告していました。

まだまだ、極限状態における人間としての誇らしい行為や行動がたくさんあり、今もそれが続いています。昨日もある卒業生が家族で訪ねてきて、「学校を通して、何か被災地の方々にできることはないか」と相談に来ました。そういう思いや心を実際の行為や具体的な行動として形で表すことがとても大切です。気がついている人も多いと思いますが、今、人のために尽す行為の大切さを伝える公共広告機構（ＡＣ）のＣＭが繰り返し流されています。

電車で妊婦に席を譲る、階段を上るお年寄りを支える、心は見えないけれど、心づかいは見える、思いは見えないけれど、思いやりは見える、というＣＭです。このＣＭは、詩人の宮澤章二（一九一九～二〇〇五）さんの『行為の意味』という詩がもとになっています。宮澤さんは、中学生や子どもたちに向けて多くの詩を残しました。また、全国の三〇〇校あまりの校歌を作詞した人です。最後に、その詩を紹介します。

あなたの〈こころ〉はどんな形ですか　と　ひとに聞かれても答えようがない
自分にも他人にも〈こころ〉は見えない　けれど　ほんとうに見えないのであろうか
確かに〈こころ〉はだれにも見えない　けれど〈こころづかい〉は見えるのだ
それは　人に対する積極的な行為だから
同じように胸の中の〈思い〉は見えない　けれど〈思いやり〉はだれにでも見える

それも人に対する積極的な行為なのだから
あたたかい心が　あたたかい行為になり　やさしい思いが　やさしい行為になるとき
〈心〉も〈思い〉も初めて美しく生きる　それは　人が人として生きることだ

（インターネット調べ）

みなさんも、自分の温かい心や優しい思いを、ぜひ実際の行為や行動として表してください。

心を込める（修了式・二〇一五年三月）

さて、この一年間で自分が心を込めてやったことはありますか？　それは何ですか？　すぐに思いつく人はよく頑張った人だと思います。今日は「心を込める」というお話です。

あるテレビ番組で、カリスマ清掃員が取り上げられていました。その女性は、羽田空港が「世界一清潔な空港」に選ばれた立役者だと言われています。生まれは中国で、中国残留孤児の子どもとして生まれ、子どものころは「日本人は帰れ」と言われていじめを受け、帰国子女として日本に帰ってきたら、今度は「中国人は帰れ」と言われていじめられたそうです。

自分の存在を認めてもらいたくて、清掃の仕事に打ちこみます。でも、いくら頑張っても認めてもらえませんでした。いつも「もっと心を込めてやりなさい」と言われたそうです。全国ビルクリーニング技能選手権で二位になったとき、上司から「心に余裕がなければいい掃除はできません」と言われ、「はっ」と気づいたそうです。

それまでは、一生懸命にやってきれいになったらそれでいいと思っていた。でも、それは自己満足で、使ってくれる人がきれいだと思ってくれる、快適な気持ちになってもらえる、それが大切だと気づいたそうです。

それからは、人目には付かない場所や匂いまで配慮し、一つ一つの作業を、ていねいに心を込めてするようになったそうです。すると、だんだんと利用する人たちから、「ご苦労さま」、「きれいですね」と声をかけられるようになり、ますます清掃技術に磨きをかけたそうです。そして、技能選手権で見事に一位に輝きました。

今では、彼女は清掃員という仕事に誇りと生きがいをもつようになったそうです。「心を込める」ということについて、ノーベル平和賞を受賞したマザー・テレサさんがこんな言葉を残しています。

「大切なことは、（自分が）どれだけたくさんのことや偉大なことをしたかではなく、（人のために）どれだけ心を込めたかです」

深い言葉だと思います。どんなささいなこと、小さなことにも心を込めてやる。そうすると、周りの人が認めてくれるようになります。それが自信になり、やがて生きがいになるのです。

無私の日本人（修了式・二〇一六年三月）

今日は、江戸時代、貧困にあえぐ貧しい町が住民たちの思いによって蘇ったお話です。今話題になっているフィギアスケートの羽生結弦選手が殿様役で出ている映画『殿、利息でござる』（中村義洋監督、二〇一六年）のモデルになったお話です。

原作は磯田道史さんが書いた『無私の日本人』（文藝春秋社、二〇一二年）という本です。「無私」とは「私が無い」、つまり自分のことよりもまず人のことを考えるという意味です。

東北の仙台の近くにある吉岡は貧しい宿場町でした。藩の助けもなく、飢饉のときには餓死する人も多く、次々と民家が潰れはじめました。このままでは町が滅ぶと絶望した商人たちが、財政難の藩に一〇〇〇両のお金を貸し付け、その利子を全住民に配るという仕組みを考えました。そのおかげで、この町は江戸時代から人口も減らず、今に至っているそうです。

これは、お金持ちが大金を動かして「一人勝ちする」という仕組みとは真逆になる考え方です。

その商人たちの心を動かしたものは、甚内という一人の男が抱いた夢でした。甚内は、毎日、毎日、自分の食べるものを削って、一枚、二枚と壷の中に銭を蓄えはじめました。なぜ、そんなことをはじめたのか。最初は誰も分かりませんでした。小銭を貯めるケチなやつ、と馬鹿にする者もいました。ところが、その男が死ぬ間際、息子の手を握り、こう言ったのです。

「わしには夢があった。銭を積み立てて藩に献上し、その代わりに未来永劫、吉岡を藩の苦役から救ってくだされと願い出ることだ。だが、わしの代では成し遂げられなかった。どうか、お前がこの願いを引き継いでくれないか」

こう言って、息を引き取りました。

息子は、父の名前である「甚内」をそのまま名乗り、こつこつと銭を貯めはじめました。毎日、毎日、何十年も。しかし、藩に嘆願するといっても、何の手づるもありません。誰にも言わず、ただ銭を貯め続けたのです。「吉岡の苦難を、我が一身に受ける」と、ひそかに家族で申しあわせていたそうです。

そのことが、少しずつ宿場の者たちに知れわたりました。その思いに感銘し、それなら自分も金を出すという者が一人増え、二人増え、ついに一〇〇〇両のお金ができたのです。

江戸時代、庶民は貧しかったが、親切、優しさという点では、この地球上の文明が経験したことがないほどの美しさを見せていたそうです。幕末に来日した外国人はみな、「日本人は貧しい。でも、幸せそうだ」と言ったそうです。

一〇〇年以上経った今も、吉岡という町も住民の子孫も実在しています。みなさんは、この話を聞いてどのように感じたでしょうか？　これからの日本のあるべき姿を今の私たちに伝えてくれている――私にはそんな気がしてなりません。

目の前に厳しい社会が迫っています。まずは、学び直しでしっかりと生きる力をつけてください。そして、その力を使って競争するのではなく、仲間と協力していく、ともに働いていく、仲間のために自分の思いを発信していく、そのような力を発揮してください。人の痛みの分かるみなさんだからこそ、「できる！」と私は信じています。

糸（修了式・二〇二二年三月）

校門のしだれ桜が咲きはじめました。もうそこまで春が来ています。今日の修了式は、ピアノの弾き語りでみなさんにお伝えします。

ピアノを初めて習ったのは六四歳のときです。たまたま、学校のピアノの授業に参加したのがきっかけでした。それから生徒の発表会に参加することになり、昨年初めて人前で弾きました。結果はボロボロでした。そこで一年間練習して、今年二月、リベンジとなる発表会に参加しました。うまく弾けるかどうか分かりませんが、聴いてください。曲は、中島みゆきさんが作詞作曲した『糸』です。

なぜめぐり逢うのかを　私たちはなにも知らない
いつめぐり逢うのかを　私たちはいつも知らない

と歌い出し、最後を次のように結んでいます。

縦の糸は先生、横の糸は生徒、
逢うべき糸に出逢えることを
人は仕合わせと呼びます。

三月末に、私は六五歳で再任用校長の定年を迎えます。最後の最後に、八王子拓真高校の生徒のみなさんと出会えたことに幸せを感じています。困難を抱えながら頑張っている姿に勇気をもらいました。そして、「自分が苦労したのでこれからは困っている人を助けたい」という言葉に感動しました。そんなみなさんのことを誇りに思い、そしてうらやましく思っています。みなさんには、たくさんの時間と可能性があるからです。

六五歳の私でも、今までできなかったピアノが少し

生涯初のグランドピアノでの弾き語り

できるようになることで希望を感じました。たくさんの時間のある若いみなさんに、できないことはありません。今の自分、ありのままの自分に自信をもって、自分のできる小さなことからはじめましょう。

この一年間、よく来たね。もう大丈夫！　みなさんには、新型コロナにも負けない、未知の世界を生き抜く力があります。拓真生なら大丈夫です。また会える日を楽しみにしています。

＊　＊　＊

以上、つらつらと記してきたが、「精神訓話のような気がする」と思われた方もいるだろう。たしかにそのような面もあるだろうが、課題集中校に在籍する生徒に私が一番伝えたかったことは、「どんな自分でも諦めないことと、人と人とのつながりの大切さ」、つまり「社会の仕組み」である。それを踏まえていないと、社会に出たあと、仕事においても日常生活においてもうまくいかない。「社会とはこういうもの」ということを知ったうえで、「健全な納税者になってもらう」ことが私の願いであった。

もし、読者のみなさんが、ここに掲載した式辞を参考にしていただけるなら望外の喜びであるが、書店に行けばもっと品のある「校長訓話集」なるものが多々販売されていることを余談としてお伝えしておこう。

終章

シビアな校長評価

学校は評価の宝庫だ。生徒の通知表からはじまって、教員にも校長による業績評価がつけられている。昔は、給与や人事に反映させないことになっていたが、今は職員の資質能力の向上および学校組織の活性化を目的に、給与や人事にも影響する能力と業績に応じた人事考課が導入されている。

校長が教職員を厳格に評価するわけだから、教職員からの評価を校長は甘んじて受けるというのは当然であろう。評価する者は評価される者でもある。そこで、年度末に無記名（正々堂々と名前を書いてくれる教員もいた）で四段階（A～D）の校長評価をしてもらい、そのついでに忌憚のない意見や要望を自由に書いてもらってきた。

本章では、校長在任一四年間の「校長評価」のなかで、とくに気になった意見や要望を抜粋して紹介していきたい。ちなみに、教職員からいただいた校長評価は、すべて「ぼうず通信」に載せてフィードバックしていた。年度末になると、教職員は校長評価を楽しみに待っていてくれた（と思う）。たぶん、議論しなくなった学校現場において、同僚たちの秘めた「思い」を俯瞰的に見わたすことができたからであろう。

ある年、次のような校長評価をいただいた。

——校長評価という取り組み、面白いと思いました。しかし、寄せられた意見に対する校長の具体的な返事がなかったことが残念でした。返事のないアンケートは書く側にとって徒労でしかありません。意見をすべて受け入れろ、というわけではないので、受け入れられない理由や感じたことを教えてください。そうでなければ、このアンケートに意味はありません。

これ以降、それぞれの「校長評価」に回答を加えることにしたが、それ以前のものには回答をしていない。そこで、本書を著すというこのたびの機会に、初期のころにいただいた「校長評価」を改めて読み直し、「たぶん、当時であればこんな回答をしたであろう」というものを入れることにした（見出しに「架空回答」と表記）。

紙面上で繰り広げられる議論ではあるが、以下で紹介する「校長評価」のやり取りを読めば、学校の実態が手に取るように分かるのではないかと思っている。さらに、こうした要望を一つ一つボトムアップしていくこと、それが学校をより良くしていく王道であり、「シン教育改革」への近道なのではないかと思っている。

——**評価C**。校長の声が大きいので、直すように。親しみやすいが、もっと品が欲しい。

架空回答　まったくもって、そのとおりだと思います。弁解の余地なし。集会でマイクがいらないというのは便利でいいのですが、身近な会話では迷惑ですね。気をつけます。ただ、品のないことは勘弁してください。自分でも自覚していますが、生い立ちも含めてこれまでの生き様の結果なので手遅れでしょう。自分でも、もっと上品になりたかったと思っています。

——**評価F**。人としては大好きだが、その下で働くのはつらい。死にそうになる。現場が疲れ切っている。仕事が均等に割り振られていない。頑張りすぎる若者たちが潰れてしまうのではないかと不安だ。教員から見ても魅力的な学校にならないと、頑張る人が集まらない。出ていく人も多くなる（一二〇ページも参照）。

架空回答　直球ズバリのご意見ありがとうございます。校長評価も四段階（A～D）でお願いしていますが、それを大きく下回ったこと、真摯に受け止めます。毎年、何人もの病気休職がいる現代版「ああ野麦峠」のような過酷な労働環境を、何としても改善しなければならないと思っています。「学び直し」の学校改革を支えようと頑張っている若者を代表する意見として重く受け止めたいと思います。

仕事が均等に割り振られていない点については、改めて校務分掌の再編成をする予定です。特定の人に仕事が集中しない仕組みが必要です。毎年、異動希望者が多いのも、魅力が不足しているからでしょう。リニューアルされた本校の取り組みや特色が外部から評価され、職員が誇りをもてるように成果を出していきたいと思います。

――評価C。若手重視が強い。若い人だらけになり、経験のある人が少ないとそれだけ学べることが少なくなる。現状は、経験豊富な人がせっかくの経験を発揮していない。ベテランほど楽をする雰囲気に違和感がある。（東京都全体かもしれませんが）このまま放置していることがとても心配です。経験のある人を「その気」にさせるのが校長の役目である。

架空回答　経験豊富な人がせっかくの経験を発揮していない。まさにおっしゃるとおりです。

なぜ、経験が発揮できないのか？　しないのか？　そのしわ寄せをすべて若手が支えているというのが現状です。これは、本校にかぎったことではありません。団塊の世代が大量退職する時代に入っています。放っておいても、いずれは「若者だらけ」になります。

経験のある人を「その気」にさせるのは、その経験や技術を若手に継承する意義を伝えることだと考えています。職層のピラミッド組織になってからは、教員間の経験や技術の継承が弱まっているように感じます。主幹教諭や主任教諭になっていない、経験や技術のあるベテラン教員（意外と多い）が職層ラインとは別に若手を育てるという仕組みをつくることも校長の重要な役割だと感じています。

――評価C。入学した生徒を卒業まで面倒を見るのは当然だが、生徒は問題を起こしても本校に留まろうとする（それも何度も）。留まったその生徒に振り回され、クラス経営や保護者対応に行き詰まりを感じている教員が多いと思う。生徒が安心して学校生活を送るために、放火や窃盗など刑法に該当する事件を起こした生徒は、問答無用で退学にする必要がある。退学にならないと知ると、生徒は何をやるか分からない。

――架空回答　多様な課題を抱える生徒をどこまで面倒を見るのか。これは、いつの時代も課題集中校における究極の課題です。とくに、犯罪などの反社会的な行動を繰り返す生徒をどこまで学校で教育するのか、できるのか。それは、自ずと限界のあるものだと考えています。一方、犯罪ではない虞犯(ぐはん)少年などは、高校生であることが抑止力になっているのも事実です。

いずれにしても、本人がこの学校で本気で変わりたいという覚悟があるのか、その生徒を抱えるだけの教員集団の共通理解とマンパワーがあるのか、それによって決まってくるだろうと考えています。

——評価B。教員が疲弊している。斬新であったり、効果的なアイディアも、闇雲に実践することはよくない。教員の勤務時間にはかぎりがあることを意識して、アイディア実行の優先順位をつけていただきたい。

スカート指導と女子の退学者数は関係がある(ミニスカートの指導を強化した)と感じる。スカート指導に気をとられるあまり、くみ取るべき生徒の気持ちに気づけなかったり、生徒との信頼関係を築くのに時間がかかりすぎて、精神的なケアが間にあわなかったことがあった。

指導とは、それを通して生徒との信頼関係をつくる手段だと私は認識しているが、強制するということに重きを置いた方針は失敗だったと感じる。学年間の競争意識をあおるような発言は控えるべきである。たたえあう雰囲気ならまだしも、批判や陰口がある状態は働きやすい環境とは言えない。それでも、勢いや実行力、明るさは評価する。現在の取り組みは、極端な負担なしに来年度以降も持続できたら、高く評価することができる。

架空回答　スカート指導には多くの困難がありましたが、担任、学年、生徒部の連携協力で何とか「マッハの壁」を超えることができました。生徒指導の要諦は一点突破です。ご指摘のとおり強制的な面もありましたが、ダメはダメを徹底したことで、授業規律などにもよい影響が出ています。真面目に学び直したいと思っている生徒のためにも、とことん厳しく、とことん面倒見のよい学校に変えていきたいと思います。

批判や陰口が切磋琢磨の議論に変わり、学校改革が推進できれば、働き甲斐のある職場環境になると考えています。

――評価B。教育職と行政職の垣根を常に感じていた。それは、自ら意識のなかに設けた垣根かもしれない。圧倒的に多数の教員がいる職場で学校勤務を伝えると、「先生ですか？」と確認されるのは通常のこと。他局のさまざまな都民直接の窓口業務を行うと、公務員がサービス業そのものであることが実感できる。しかし、ややもすると、学校は日々接する先生方や生徒たちと過ごすうちに、それらへの対応がすべてのような感覚をもってしまう。先生や生徒の向こう側に広がる多くの都民に対して業務が続いていくという感覚が希薄になる。

行政は、契約や給与の詳細を教員に知られることで職域を侵害されると警戒し、自ら領域を狭くしていたところもある。垣根は、職域を守ろうとする狭い意識がつくっていたのかもしれない。また、そんな意識でしか守れない職域ならば、最初からないほうがいい。たしかに、専門職としての意識は必要で、それを高めるために経験を重ねることが職歴につながっていくと思う。

専門職とは、他者を排除するものではなく、より柔軟に外部刺激を吸収し、その専門性が生徒をはじめとした都民に還元できるように職務を遂行することだと思う。経営企画室職員（いわゆる事務職員）も、教員の輪に入り、生徒に声をかけ、そしてそれだけに留まらず、意識を常にその先にいる都民に向けていきたい。校長も企画室に対して、時には授業見学や行事参加を呼びかけて欲しい。いろいろな角度から学校を見ることは、本人や企画室にとっても多くの効力を発生する。若い職員はそれを待っているのかもしれない。

架空回答　経営企画室からの「将来構想委員会」への参画ありがとうございます。行政系目線の改革提案は、新鮮ではっとさせられることがあります。ご意見のとおりで、学校は教員と事務職員の両輪で成立しています。ところが、ややもすると、圧倒的に人数の多い教員だけで学校が回っているような勘違いを起こします。「事務室」から「経営企画室」へと名称が変わったことも、教員と同じく学校経営に参画していることを示すという意味合いが強かったと思います。

事務室の窓口は、学校にある公共の窓口（たとえば市役所）です。社会人としての生徒の言葉遣いや態度などについても、窓口業務で指導してもらえるとありがたいです。そのためにも、授業や部活、そして行事などといった普段の生徒の様子を知ることが重要です。業務の負担にならない範囲で、生徒や教員との交流を深めください。

――評価Ｂ。「学び直し」の方針やＰＴ（プロジェクトチーム）の取り組みもあり、どんどん「面倒見のよい学校」になっている。今後が楽しみですが、少しだけ心配していることを書きます。

「面倒見のよい学校」は教員が苦労する学校です。教員が多様な（それも、本当に多様な！）生徒に対応しようとすると、膨大な時間が必要になります。世の中の多くの学校では、そんな労力はありません。ある枠組みを決めて、それに収まらない生徒はお引き取り願っているのだと思います。問題行動があれば自主退学を迫るのも、授業についてこれないから留年や転校を迫るというのも、枠組みに収まっていないから出ていってもらうという意味では同じです。

面倒見のよい学校になるということは、これらの方法をできるだけとらず、自校で面倒見ようということだと思います。私は素晴らしいことだと思いますが、この方法をとれば先生たちは疲弊します。さまざまな生徒に対応する指導を、という気持ちはありますし、そこが教員の腕の見せ所だとも思います。しかし、一人ひとりの教員に与えられた時間は有限です。面倒を見られるところもあるけれども、「これ以上はムリ！」という気持ちも出てきます。仕方のない現実だと思います。ここからが校長先生への要望です。

「面倒見のよい学校」を目指すのは大賛成なのですが、今いる教員に無理をさせて「面倒見のよい学校」をつくっても、いつか破綻します。校長が代われば、「やれやれ」と元に戻ってしまうかもしれません。校長先生が本当の意味での面倒見のよい学校を目指すならば、それを構築するリソース（資源）を獲得してください。

本校の予算は恵まれているという話も聞きますが、大事なのは「人」です。教員の定数増やSC（スクールカウンセラー）、YSW（ユースソーシャルワーカー）の増員、外部機関との連携など、生徒にかかわってくれる人を増やしてください。多ければ多いほどいいです。よろしくお願いします。

回答　冷静な現状分析と示唆に富む提言をありがとうございます。基本的に、私も同じ考えです。改革・改善の最前線に立つのは一人ひとりの教職員です。実行部隊が疲弊したり、モチベーションが上がらなければ結果は望めません。そのためにも、メリハリのある「スクラップ&

ビルド」と外部人材の最大活用は不可欠であると考えています。

また、それ以前の問題として、前例踏襲で引き継がれている業務分担の不均衡の是正も大きな課題となっています。既得権益を棚上げして、新しい発想で学校全体の業務分担を見直すといった視点も重要です。

――評価C。PT（プロジェクトチーム・四二ページ参照）のあり方を考え直してほしい。各分掌があるなかで、そもそもPTが必要かどうか。PTの数も増えすぎて、どこで何をやっているかが全体の教員に伝わっていない。また、そもそも機能しているのかどうかも分からない。たとえば、授業改善や部活動、進路に関するPTは、それぞれの教科や分掌にしっかりとやらせるのではだめなのか、と思います。そうでなければ、教科や分掌の人たちがどんどん自主的に動かなくなってしまうと思います。

PTの意義は分掌や教科の垣根を越えることに意味があるのは分かりますが、このままでは、どれも中途半端に終わってしまうような気がします。

――**回答**　PTのあり方を改めて共通認識する必要があります。「教科や分掌にしっかりとやらせる」ことができれば問題はないのですが、教科や分掌はルーティーンでやるべき業務を担っているので、新たな取り組みやその改善に負荷がかかります。とくに、教科や分掌をまたがる課題の対応には、どこが担当するかを決められないばかりでなく、「自主的に動く」どころか金縛り状態になってしまいます。そこで、委員会やＰＴの出番ということになると思います。

まずは、分掌、委員会、ＰＴの位置づけを明確にする必要があります。基本的には新規事業や分掌をまたがる業務などで、委員会や分掌に位置づける前段階としての臨時的な対応や方向性を定めるのがＰＴの役割となります。たとえば、カリキュラムＰＴは、新教育課程の編成やその移行までの調整や整備を担っています。現時点の予定では、次年度一学期まではカリキュラムＰＴと教科主任会が最終的な調整を行い、二学期以降はカリキュラムＰＴを解散して、教務部と各教科へ業務を委譲していきます。

――**評価Ａ**。校長の校内巡視により、生徒が少し気を張っているため、いい緊張感があったと思います。「たまに」ではなく、毎日のように授業観察されているため、平等に評価されていると感じます。また、校長室のドアを開放していることで、先生や生徒の声を聴いてくれる態勢が日で分かり、生徒や先生の不安・不満を受け止め、頑張っていることは褒めていただけるため、仕事のやりがいがあります。

「ぼうず通信」は、定期読書として楽しみに読ませていただいております。今年は休憩中食事中の談話ができず、懇親会も開けず、行事もないため一丸となって仕事をするという感覚がもてず、教員同士の関係が浅いなーと感じる一年でした。仕方のないことかもしれませんが、来年度まで続くと何らかの影響がさらに出てきそうで心配です。

コロナ禍でも、分掌年次問わず、何か楽しいことやリフレッシュできることなどが工夫されて行われるとけじめがつき、職場にも活気が出るのではないかと思います。

回答　いつ見ても、どういう授業なのか、それが授業観察の一番大切な視点だと考えています。毎日巡回することで、校内の微妙な空気の変化を感じるようにしています。廊下や教室のゴミやチリの変化も学校状況を知る大切なバロメーターです。校長室の開いたドア越しに見える外の景色や、開いたドアをのぞきこんでいる生徒や教員の表情からも、何か伝わってくるものがあります。

学校や教育にかぎったことではありませんが、人として大切なのは肌で感じる温もりやつながりではないでしょうか。いつまで続くか分からないコロナ禍だからこそ、分掌や年次を問わないイベントや場の共有、そしてそのための工夫が必要です。できることから何でもやってみましょう。楽しい、リフレッシュできる具体的な提案を待っています。

——**評価C**。追認指導（未修得になっている単位を追加で認めるための補習指導）は、具体的な基準を設けて行うべきだと思います。担任のさじ加減になってはいけないし、年次ごとになってもいけないです。とくに、怠惰な生徒を追認で救うことは、真面目に取り組んでいる生徒の意欲を阻害します。何より、怠惰な生徒が追認で救われたとしても、評定では「2」がとれるかもしれませんが、人間的な成長はないと思います。

退学者を出さないという校長先生の方針には大賛成ですが、この追認システムに関しては曖昧なまま進めるべきではありません。真面目にやっている教員、生徒がバカを見ます。たとえば、年欠（年間の授業欠席数のことで、一定数を超えると単位がとれない）が切れた生徒で、入院、医者から精神的な疾病診断、親族の不幸、いじめなど、やむを得ない事情があるのであればチャンスを与える。そして、単純な年欠には与えないというような基準が必要です。

私のクラスには年欠は一人もいませんが、そういう生徒を間近で見ているからこそ、怠惰な生徒と一生懸命やって学力の低い生徒の評定が同じ「2」というのには違和感をもちます。日ごろから学校にきちんと目を向けて、頑張っている生徒が報われる学校であってほしいです。

——**回答**　現行の教務規定は、本校の開設当時に定めたものです。当時は倍率が二〜三倍あり、定時制高校としては異例の生徒状況でした。それから十数年が経過して、私学の就学支援金制度が導入されたあたりから入試倍率は低迷し、さらにコロナ禍の影響で、以前であれば本校を目指していた生徒の多くが広域通信制のサポート校へと流れています。この傾向は今後も続くと予想されます。その結果、開設当時の生徒層とは明確に異なる生徒層（外国にルーツがある。発達や精神に障害がある。経済的、家庭的に困難がある）の割合が増加しています。

こうした大きな変化があるにもかかわらず、従前の生徒層を想定した規定や基準をもとに単位認定や生活指導を継続することは、「真面目にやっている教員、生徒がバカを見る」ことになります。そこで、昨年度より追認制度を新たに設けて、生徒の抱える課題に応じて柔軟に単位認定の機会を与えることにしました。

当然、制度ですから具体的な基準を設けることが不可欠です。担任差や年欠差が生じると説明責任を果たせません。今年度はコロナ禍が重なり、基準が大幅に揺れた部分はありますが、平常の授業が安定してできるようになれば、今年度初めに定めた追認規定が基準になります。その基準も絶対的なものではなく、今後のコロナ禍の状況や生徒層の変化に応じて柔軟に変わるというのが前提です。

―――**評価B**。追認に関して「全員に」チャンスを与える機会をつくるのは教育的だが、普段からの生活が怠惰で、年欠を超えた生徒まで救いあげることが教育的なのかと疑問に感じます。今まで担任や教科担当者が何度も指導したうえでの結果なのに、最後にこの課題レポートだけやればOKというのは、彼らの今後につながらず、「楽して最後は大丈夫」という甘い発想が身につくような気がします。今年度はコロナがあるのでしょうがない部分もありますが、この追認のやり方がスタンダードになると、年欠の回数の意味がなくなり、生徒のなかには授業を軽視する者が出ると感じます。

校長先生が授業改善を口酸っぱく言ってくださったおかげで、この学校の先生方の授業に対する意識は非常に高いと感じています。英語科でも、教材シェアを例年に比べて多く取り入れ、授業見学も昨年度より頻繁になりました。次年度も授業力が向上できるように、自分の授業を積極的に見てもらってアドバイスをもらい、授業改善をしたいと思います。また、ほかの先生の授業を見に行き、アイディアやテクニックをもらいたいと思います。

回答　追認に基準を設けることは必要です。その際、「怠惰」の判断基準の精度を高める必要があります。

私も含めて多くの先生方は、この課題レポートをやらなければ進級や卒業ができないとなれば、課題レポートをやらないこと（怠惰）に耐えられないと思います。学校に行かなければ単位がとれないとなれば、学校に行かないこと（怠惰）にいたたまれなくなるのではないでしょうか。つまり、「できる人」は、やったほうがはるかに楽なのです。

私は、試験前に何も準備しないで試験を受けに行く夢を見て、何度もうなされたことがあります。その感覚からすれば、本校の多くの生徒が「怠惰」に見えるかもしれません。ただ、生徒には、ほかの生徒と同じように「やれない」、「できない」という何だかの理由があり、結果的に本校に来ていることも事実です。

精神的な疾患や発達障害など、診断のつくものは言うに及ばず、ヤングケアラーなど家庭内の事情やいじめ、人間関係などといった表面上は明確にできないことも含めて、「怠惰」の判断基準と「合理的配慮」の精度を高めていくことは、「公教育の最後の砦」である定時制高校としては不可欠であると考えています。

――評価B。「B」とした理由は、改革の道半ばで退職されてしまうからです。仕方がないことですが、「戻り履修」（前年に落とした単位を下の年次の授業に出て取り直す仕組み）や「二時間連続授業」、「オンライン授業」がどのような結果になるのか見届けてほしかったです。

学習動画を活用することは賛成です。しかし、それを単位修得に結びつけることには反対します。それは結局、「学校に来なくてもよい」という安易な考えにつながると思います。「みんなで学習」することが、全日、定時制高校に残された最後の強みではないでしょうか。

学習動画でOK、来なくてもOKというのは、通信制高校との差別化を図れなくなることになりませんか。私が今まで見てきた校長のなかで、もっとも「先生たちの声に耳を傾ける」校長であったと思います。このアンケートからも、その思いが伝わります。だからこそ、校長先生の改革についていこうと思えるのだと感じました。

回答 道半ばの退職は後ろ髪を引かれる思いです。後ろ髪はないか（笑）。今後の八王子拓真高校の発展を、八王子の住人として見守りたいです。ご指摘のとおり、「みんなで学習」が通信制高校との差別化の要諦です。不登校のまま単位の認定を続けることではなく、あくまでも登校や教室復帰を支援するための単位認定が前提です。

学習動画も、その方向性のなかで活用することを想定しています。学習動画を見た生徒が、学校へ行ってみたい、教室でみんなと学んでみたい、と感じてもらうことが重要です。実際に学習動画を作成している先生からは、そうした手ごたえも報告されています。

私はむしろ、学習動画が「学び直し」の救世主になると期待しています。生徒がつまずきやすいところを一〇分程度の動画で解説してくれる。それを、スマホで、家でも電車の中でも見られる。いつも教えてもらっている先生がユーチューバー先生となって登場する、そこがミソです。

――**評価A**。多くの個性的なメッセージ、校内での生徒・教員とのかかわりなど、積極的な姿勢が素晴らしく、私も見習っていきたいです。学び直し、地元就職の重視は、生徒の実態を考えると必要性が高く、引き続き力を入れていきたいと考えます。

一方、教員の負担を考えると、新しい業務、活動を増やすのであれば、それを上回るくらい必要性の低い業務を削減すべきです。

回答　学校ＤＸの荒波が押し寄せています。新しい業務やデジタル教育のスキルアップを求められる時代に入っていきます。その一方で、本校へ通う多様で困難な生徒への対応は「待ったなし」で求められています。

ご指摘のとおり、スクラップアンドビルドの推進なくして八王子拓真高校の発展はありません。会議のあり方や業務の見直しは不可欠であり、そのためには、学校としての優先順位の置き方が重要となります。本校のミッションを考えたときに最重要となるのは「面倒見のよさ」です。あれもこれもではなく、何を一番大切にして、拓真高校がこだわるべきか、その参考として、私の好きなマザー・テレサの言葉を最後に紹介します。

大切なのは、どれだけ多くのことをしたかではなく、どれだけ心を込めたかです。

あとがき

「お前は品がない」

こう言われつつ、柔道の大御所S先生からよくお説教をいただいている。生涯現場主義のS先生に、「本はいつできるんだ?」と尋ねられ、「完成しないかもしれません」と煙に巻いた。案の定、格調の高い教育書とはほど遠い、目を覆いたくなるような現場のドタバタ劇を描いたものになってしまった。「やっぱり品がない」と、S先生に怒られそうである。

「教育は、実践でしか語れない」

横文字だらけの教育改革のキーワードが現場に舞い降りるたびに、そんな思いが強くなる。そして、教育の理想と現実の乖離（かいり）がどんどん加速しているように感じてならない。これは、品のない私だけの杞憂なのだろうか。

現在、非常勤教員として勤務している都立高校で、次のような場面に遭遇した。

大学の観察実習（教職のジョブシャドー）に来ていた女子大学生が、授業中、女子生徒と女性教員の壮絶なバトルを目撃した。普段から授業態度の悪い女子生徒を注意したら、逆ギレした生徒が、「なぜ、自分ばかり注意するのか！」と大声を上げて反発した。周りの生徒もそれに同調して、収拾がつかなくなって授業が中断した。それでも女性教員は、一歩も引かずに、生徒に反省を求めている。

しばらくして、授業は混乱の余韻を残したまま何とか再開された。その後、その女子大生と面談をしていたら、突然、ポロポロと涙を流しはじめた。涙の訳を尋ねると、先ほどの授業中の生徒と教員のやり取りがフラッシュバックしてきたらしい。

あの先生と同じ対応ができるのだろうか。あのような場面ではどうしたらよいのだろうか。自分に教員ができるのだろうか――そんなことがグルグルと頭を駆けめぐったらしい。そして最後に、次のように話してくれた。

「この学校に実習に来てよかったです。先生になることがどういうことか少し分かりました」

この女子大生が教職の道を志すのかどうかは分からないが、学問としての教職課程では学べないもの、見えないもの、伝わらないものがある。それを、彼女は身体で感じたのではないだろうか。やはり、教育は実践でしか語れない。

「面授(めんじゅ)」という仏教の言葉がある。人と人とが面と向かわなければ伝わらない、書物や言葉だけではこぼれてしまうものがある、という意味だ。教育とは、日々の泥臭い気の遠くなるような「面授」の積み重ねであり、それが人から人へと襷(たすき)のように伝わっていくものかもしれない。

「令和の日本型教育」が目指す「主体的・対話的で深い学び」とは、まさに「面授」の現代訳と言っても過言ではないだろう。教育改革のキラキラとした横文字に惑わされていると、これまで日本の教育が大切にしてきたものが伝わらずにこぼれてしまい、「日本型教育」と言いながら、ただの薄っぺらなデジタル化やグローバル化した「手段」になってしまい兼ねない。それこそ、「ざんねん」でならない。

今の学校教育は、教育改革のキーワードがまず先にあり、その根拠を示したり、それを解説するための評論家や研究者たちが書いた本や論文があふれている。そうした乾いた言葉を目にするたびに、法隆寺の宮大工だった西岡常一棟梁（一九〇八～一九九五）の言葉が脳裏をかすめる。

学者はこの時代はこういう様式のはずや、あの伽藍はこうやったし、ここはこうやったからこうあらねばならんと言うようなことを言いますのや。これじゃ、あべこべですな。先に様式を考えているんですな。そうじゃなしに、現にある、廃材の調査からどんなものだったかを考えなならんのですよ。自分の考えの前に建物があったんですからな。

職人がいて建物が建って、それを学者が研究しているんですから。先に私らがあるんです。学者が先におったんやないんです。職人が先におったんです。

塔の再建には鉄を使わなあかんという学者にはこう言いましたわ。鉄を使ったらせいぜい二百年しか持たん、木だけで造れば千年は持つ、現に木だけで、ここに法隆寺のように千三百年の塔が建っているやないか、と。目の前に建っているものがあるのに聞かんのですわ。法輪寺の三重塔でもやりあいましたし、薬師寺の金堂でも論争になりましたわ。

体験や経験を信じないんですな。本に書かれていることや論文のほうを、目の前にあるものより大事にするんですな。学者たちと長ごうつきあいましたけど、感心せん世界やと思いましたな。

（西岡常一、小川三夫、塩野米松『木のいのち　木のこころ〈天・地・人〉』新潮社、二〇〇五年、七一ページ）

1944年７月21日に落雷で焼失した三重塔が再建された（奈良斑鳩　法輪寺）

教員は教育現場の職人である。その現場、その現場で、それぞれの生徒の素材の違いを肌で感じて、一人ひとりの人格形成という伽藍をつくりあげていく。時代という大きな変化のなかで、鉋や鋸をタブレットに置き換えて考えたとき、今のスピードある教育改革が、果たしてこれから一〇〇〇年の教育を支えうるものになるのだろうか。そして、それを日々検証している現場の職人たちがみんな学者にようになってしまったら、それこそ「ざんねんな教育改革」になってしまうのではないだろうか。それが、とても心配だ。

本書には多くの教員や生徒に登場していただいた。何分にも品がないため、失礼な表現になってしまったことをこの場を借りてお詫びしつつ、みなさまには心より感謝申し上げる次第である。生徒と教員、教員と教員、その出会いは偶然ではあるが、こうして振り返ると、出会った教員や生徒によって人生が大きく変わっていることに気づく。それと同時に、自分の発想や実践だと思っていることでも、実は影響を受けた教員やかかわりをもった生徒からの「面授の襷」であることに気づく。

そして、「面授の襷」は時空を超えて引き継がれていく。たとえ学校を辞めることになり、突然、目の前からいなくなった生徒でも……。ここでは、八王子工業高校の事例を一つ紹介したい。機会があれば、こうした生徒のその後を綴った本も書いてみたいと思っている。

かつて工業高校の柔道部の監督として全国大会を目指していたころ、道場の畳の上では誰よりも頼もしいHという生徒がいた。普段の学校生活では、椅子にじっと座っていることができず、授業中に歩き回ったり、教員に暴言を吐いたりと、何かと手のかかる生徒だった。今ならＡＤＨＤなどの発達障害が疑われる生徒として、別の対応の仕方があったかもしれない。

Ｈが問題を起こすたびに注意をしたり、お説教をした。家庭訪問も、何度したか分からない。母子家庭で、お母さんは何とか高校だけは卒業させたい、それだけが願いだった。クラスの担任や学年団は、「これ以上Ｈの面倒は見られない」とさじを投げていた。そんなある日、クラスの女子と口論になり、その女子がＨを怖がって学校に来れなくなった。

結局、Ｈは学校を辞めることになった。いくら話をしても、何回指導しても、またやらかしてしまう。徒労感とむなしさだけが残った。

それから一〇年以上も音信不通のまま、ある年の元旦に突然Ｈからの年賀状が届いた。そこには、退学してから転々と職を替えた経歴が、矢印をつなぎながら書かれていた。

自衛隊→パチンコ屋→居酒屋→工務店……そして、最後にこう結ばれていた。

――ご迷惑をかけてすみません。でも、ボクのような生徒もいます。先生もあきらめずに、ボクと同じように厳しく叱ってあげてください。

何度も、この年賀状を読み返した。生きづらさを抱えたHが、襷(たすき)をかけて、もがきながら走っている姿が目に浮かんだ。Hからもらった一枚の年賀状、それが私の教員としての原点を支えている。

さらに、「面授(めんじゅ)の襷」は学校外の人たちにも引き継がれていく。次は八王子拓真高校の事例を紹介したい。

「とことん面倒見のよい学校」という評判を聞きつけた子ども食堂(家庭で食事がとれない子どものための無料食堂)を経営しているお母さんたちが、毎週一回、フードバンクからの食料を提供してくれるようになった。その食料に救われて学校に通えるようになった不登校の生徒もいる。また、週一回の食料を受け取りに来るときが、教員やスクールソーシャルワーカー(福祉・心理・進路などに専門性をも

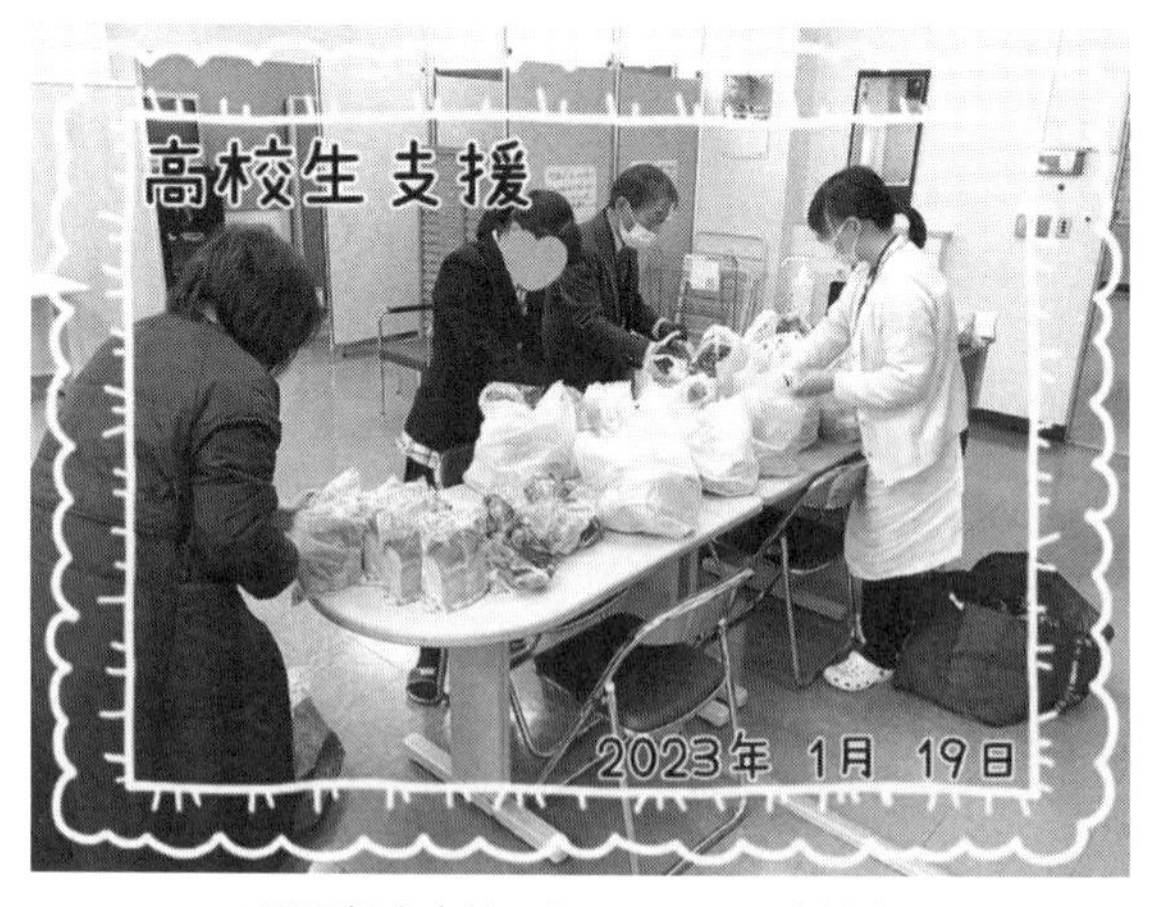

八王子拓真高校で行われている食料支援

った支援者）との面談の機会となっている生徒もいる。つまり、それが「面授」の機会となっているのだ。

また、同じく地元の企業からも、毎月一回、大量に食料が送られてくるようになった。かつて商業高校として地元就職を支えていた八王子拓真高校では、「学力」や「進学」ではなく、社会で生きることを「第一の目標」に掲げて、地元の若者を地元の企業に就職させる学校として、地域社会に対しても「面授の襷」をつなげている。

そして、本書の教育実践が転機となり、戦後の「学力神話」を支えてきた教育関連企業である大手「ベネッセコーポレーション」においても、「学力」とは別次元の「就労力」（軌道修正を繰り返しながら社会で生き抜く力）を測るモノサシを見つけようという模索がはじまっている。このように、まだ水面下ではあるが、「面授の襷」によって静かに「学力神話」が揺らぎはじめている。

さらば学力神話、さらばドロップアウト——本書で紹介した現場発の教育実践がドロップキックのごとく、今の「学力社会」に変革を迫る衝撃波となることを願っている。

難しい理屈はいらない。「教育」の本質とは、生徒と教員、教員と教員の「日々の実践」の集大成にほかならない。それゆえ、くどいようだが、「教育は実践でしか語れない」。

結びとして、比叡山千日回峰行を二回満行した酒井雄哉大阿闍梨（一九二六～二〇一三）の言葉を紹介する。

いまは知識や情報の量が多すぎる。もちろん知識は大切だけれど、それを学んで身につけて、自分なりに使いこなせるようでなければ何にもならない。大事なのは実践するということなんだよ。

（「ダメ人間も変わる『一日一生』の極意1」PRESIDENT、二〇一一年一二月五日号）

これは「令和の日本型学校教育」が目指す究極の狙いでもある。ことさらに流行の横文字を使わなくても、教育の本質や学校の役割は昔から何も変わっていない。それぞれの学校の目の前にいる生徒が、自分なりに学んで、自分なりにそれを使いこなし、自分の人生を切り開いていく、そのための教育実践が現在も求められている。

目の前にいる生徒を見て、「生徒第一」で足元から学校を粘り強く改善していく、その泥臭い教育実践の積み重ねこそが教員の主体性を育て、教員間の同僚性や協働性を生み出すことになる。こうした本来の教育のあり方を改めて問い直すこと、それが「シン教育改革」における究極の狙いである。

それにしても、私にもっと品があれば、また違った教員人生であったかもしれない。それだけが「ざんねん」である。でも、本書を書きあげた今の正直な「思い」は次のひと言に尽きる。
「ああ、面白かった！」

二〇二三年　二月

磯村元信

大丈夫

ぼうず教育実践研究所

磯村元信プロフィール

＊平成 20 年度～平成 30 年度　都立秋留台高校校長

＊令和元年度～令和 3 年度　都立八王子拓真高校校長

＊令和 4 年度～ ぼうず教育実践研究所代表。都立羽村高校 非常勤教員 /都立荒川工業高校 経営アドバイザー /立川市子ども・若者自立支援ネットワーク認定学校案内コンシェルジュなど。

＊主な活動内容

不登校、学び直しなどに悩む生徒や保護者への学校選びや教育相談の講演会、教育相談会、教員研修、管理職研修、授業改善研修などの各種研修会 /学校経営のコンサルタント、学校改善、授業改善のアドバイス /チーム学校づくりの外部連携のコーディネート
その他、教育にかかわる研修・相談全般

＊主な講演実績

平成 30 年度　沖縄県立学校校長研修会 沖縄県教委「高等学校における特別支援教育について」 /管理職候補者研修会 東京都教委「校長の人材育成について」
令和元年度　全国特別支援学校研修会 全国特別支援学校協会 「特別な配慮を必要とする生徒への対応」/静岡県校長研修会 静岡県教委「高校における合理的排除 VS 合理的配慮」
山梨県定時制通信制高校教育研究会 山梨県教委「特別な配慮を必要とする生徒への対応」
令和３年度 沖縄県立学校校長研修会 沖縄県教委 「高校における多様な学びについて」
令和４年度 朝日新聞中退ネットワークオンラインセミナー「高校の中退防止」 /日本教育心理学会シンポジウム 日本教育心理学会「課題集中校の現状と『合理的配慮』の必要性」

＊ぼうずブログ　　**ameba ブログ isobouzu で検索！**

日々のささいな出来事や教育にかかわる話題を「ぼうず」が一刀両断

＊ YouTube「ぼうず教育実践研究所チャンネル」開設予定！

講演依頼等のお問い合わせ先　メール cyrry2424stop@yahoo.co.jp
ぼうず教育実践研究所　〒197-0804 東京都あきる野市秋川 1-1-13-303
代表　磯村元信（事務局長　戸高礼司） TEL042-533-3963　042-533-3932

著者紹介

磯村元信（いそむら・もとのぶ）

1957年生まれ。1979年筑波大学卒業。

2008年度から2018年度まで東京都立秋留台高等学校校長11年在任。「学び直し」の高校というコンセプトに行き詰っていた秋留台高校を「若手教員のボトムアップ」という現場主導の改革手法でリニュアルして退学者を半減させる。

2019年度から2021年度まで東京都立八王子拓真高等学校校長３年在任。「不登校」チャレンジ枠の昼夜間３部制定時制の制度を生かし「高校の最後の砦」として「生徒をとことん面倒を見る」学校経営を推進して退学者を半減させる。この活動が広く評価されて、ＮＨＫクローズアップ現代「さらば！　高校ドロップアウト～“負の連鎖”を断ち切るために～」、ＮＨＫ ＥＴＶ特集「さらば！ドロップアウト　高校改革１年の記録」などで紹介された。

2023年度より、ぼうず教育実践研究所代表。東京都立羽村高等学校非常勤教員、東京都立荒川工業高等学校経営アドバイザー、立川市子ども・若者自立支援ネットワーク認定学校案内コンシェルジュなどを務める。

さらば学力神話
——ぼうず校長のシン教育改革——　（検印廃止）

2023年４月15日　初版第１刷発行

著　者　磯　村　元　信
発行者　武　市　一　幸
発行所　株式会社　新　評　論

〒169-0051 東京都新宿区西早稲田 3-16-28
電話　03(3202)7391
振替・00160-1-113487

落丁・乱丁はお取り替えします。

定価はカバーに表示してあります。

http://www.shinhyoron.co.jp

印　刷　フォレスト
製　本　中永製本所
装　丁　山田英春

Printed in Japan
ISBN978-4-7948-1236-0